"全民普法手册"系列

全民消防安全普法手册

QUANMIN XIAOFANG ANQUAN PUFA SHOUCE

法律出版社法规中心　编

法律出版社
LAW PRESS·CHINA
北京

图书在版编目(CIP)数据

全民消防安全普法手册 / 法律出版社法规中心编
. -- 北京 : 法律出版社, 2023
ISBN 978 -7 -5197 -7841 -5

Ⅰ. ①全… Ⅱ. ①法… Ⅲ. ①消防法－中国－手册
Ⅳ. ①D922.144

中国国家版本馆 CIP 数据核字(2023)第 069872 号

全民消防安全普法手册
QUANMIN XIAOFANG ANQUAN PUFA SHOUCE

法律出版社法规中心 编

责任编辑 冯高琼
装帧设计 李 瞻

出版发行 法律出版社
编辑统筹 法规出版分社
责任校对 张红蕊
责任印制 耿润瑜
经　　销 新华书店

开本 A5
印张 7.5　**字数** 174 千
版本 2023 年 5 月第 1 版
印次 2023 年 5 月第 1 次印刷
印刷 涿州市星河印刷有限公司

地址:北京市丰台区莲花池西里 7 号(100073)
网址:www.lawpress.com.cn
投稿邮箱:info@lawpress.com.cn
举报盗版邮箱:jbwq@lawpress.com.cn
销售电话:010-83938349
客服电话:010-83938350
咨询电话:010-63939796

书号:ISBN 978-7-5197-7841-5　**定价**:36.00 元
凡购买本社图书,如有印装错误,我社负责退换。电话:010-83938349

目　　录

一、消防管理

二、特殊场所的消防规定

三、专业人员及培训

四、法律责任

附　录

一、消防管理

中华人民共和国消防法

1. 1998 年 4 月 29 日第九届全国人民代表大会常务委员会第二次会议通过
2. 2008 年 10 月 28 日第十一届全国人民代表大会常务委员会第五次会议修订
3. 根据 2019 年 4 月 23 日第十三届全国人民代表大会常务委员会第十次会议《关于修改〈中华人民共和国建筑法〉等八部法律的决定》第一次修正
4. 根据 2021 年 4 月 29 日第十三届全国人民代表大会常务委员会第二十八次会议《关于修改〈中华人民共和国道路交通安全法〉等八部法律的决定》第二次修正

目　　录

第一章 总 则

第一条 【立法目的】[①]为了预防火灾和减少火灾危害,加强应急救援工作,保护人身、财产安全,维护公共安全,制定本法。

第二条 【消防工作的方针、原则、制度】消防工作贯彻预防为主、防消结合的方针,按照政府统一领导、部门依法监管、单位全面负责、公民积极参与的原则,实行消防安全责任制,建立健全社会化的消防工作网络。

第三条 【各级人民政府的消防工作职责】国务院领导全国的消防工作。地方各级人民政府负责本行政区域内的消防工作。

各级人民政府应当将消防工作纳入国民经济和社会发展计划,保障消防工作与经济社会发展相适应。

第四条 【消防工作监督管理体制】国务院应急管理部门对全国的消防工作实施监督管理。县级以上地方人民政府应急管理部门对本行政区域内的消防工作实施监督管理,并由本级人民政府消防救援机构负责实施。军事设施的消防工作,由其主管单位监督管理,消防救援机构协助;矿井地下部分、核电厂、海上石油天然气设施的消防工作,由其主管单位监督管理。

县级以上人民政府其他有关部门在各自的职责范围内,依照本法和其他相关法律、法规的规定做好消防工作。

法律、行政法规对森林、草原的消防工作另有规定的,从其规定。

第五条 【单位、个人的消防义务】任何单位和个人都有维护消防安全、保护消防设施、预防火灾、报告火警的义务。任何单位和成年人都有参加有组织的灭火工作的义务。

---

① 条文主旨为编者所加,供参考。

第六条 【消防宣传教育义务】各级人民政府应当组织开展经常性的消防宣传教育,提高公民的消防安全意识。

机关、团体、企业、事业等单位,应当加强对本单位人员的消防宣传教育。

应急管理部门及消防救援机构应当加强消防法律、法规的宣传,并督促、指导、协助有关单位做好消防宣传教育工作。

教育、人力资源行政主管部门和学校、有关职业培训机构应当将消防知识纳入教育、教学、培训的内容。

新闻、广播、电视等有关单位,应当有针对性地面向社会进行消防宣传教育。

工会、共产主义青年团、妇女联合会等团体应当结合各自工作对象的特点,组织开展消防宣传教育。

村民委员会、居民委员会应当协助人民政府以及公安机关、应急管理等部门,加强消防宣传教育。

第七条 【鼓励支持消防事业,表彰奖励有突出贡献的单位、个人】国家鼓励、支持消防科学研究和技术创新,推广使用先进的消防和应急救援技术、设备;鼓励、支持社会力量开展消防公益活动。

对在消防工作中有突出贡献的单位和个人,应当按照国家有关规定给予表彰和奖励。

第二章 火灾预防

第八条 【消防规划】地方各级人民政府应当将包括消防安全布局、消防站、消防供水、消防通信、消防车通道、消防装备等内容的消防规划纳入城乡规划,并负责组织实施。

城乡消防安全布局不符合消防安全要求的,应当调整、完善;公共消防设施、消防装备不足或者不适应实际需要的,应当增建、改建、配置或者进行技术改造。

第九条 【消防设计、施工要求】建设工程的消防设计、施工必须符合国家工程建设消防技术标准。建设、设计、施工、工程监理等单位依法对建设工程的消防设计、施工质量负责。

第十条 【消防设计审查验收】对按照国家工程建设消防技术标准需要进行消防设计的建设工程,实行建设工程消防设计审查验收制度。

第十一条 【消防设计文件报送审查】国务院住房和城乡建设主管部门规定的特殊建设工程,建设单位应当将消防设计文件报送住房和城乡建设主管部门审查,住房和城乡建设主管部门依法对审查的结果负责。

前款规定以外的其他建设工程,建设单位申请领取施工许可证或者申请批准开工报告时应当提供满足施工需要的消防设计图纸及技术资料。

第十二条 【消防设计未经审查或者审查不合格的法律后果】特殊建设工程未经消防设计审查或者审查不合格的,建设单位、施工单位不得施工;其他建设工程,建设单位未提供满足施工需要的消防设计图纸及技术资料的,有关部门不得发放施工许可证或者批准开工报告。

第十三条 【消防验收、备案和抽查】国务院住房和城乡建设主管部门规定应当申请消防验收的建设工程竣工,建设单位应当向住房和城乡建设主管部门申请消防验收。

前款规定以外的其他建设工程,建设单位在验收后应当报住房和城乡建设主管部门备案,住房和城乡建设主管部门应当进行抽查。

依法应当进行消防验收的建设工程,未经消防验收或者消防验收不合格的,禁止投入使用;其他建设工程经依法抽查不合格的，应当停止使用。

第十四条 【消防设计审查、消防验收、备案和抽查的具体办法】 建设工程消防设计审查、消防验收、备案和抽查的具体办法，由国务院住房和城乡建设主管部门规定。

第十五条 【公众聚集场所的消防安全检查】 公众聚集场所投入使用、营业前消防安全检查实行告知承诺管理。公众聚集场所在投入使用、营业前，建设单位或者使用单位应当向场所所在地的县级以上地方人民政府消防救援机构申请消防安全检查，作出场所符合消防技术标准和管理规定的承诺，提交规定的材料，并对其承诺和材料的真实性负责。

消防救援机构对申请人提交的材料进行审查；申请材料齐全、符合法定形式的，应当予以许可。消防救援机构应当根据消防技术标准和管理规定，及时对作出承诺的公众聚集场所进行核查。

申请人选择不采用告知承诺方式办理的，消防救援机构应当自受理申请之日起十个工作日内，根据消防技术标准和管理规定，对该场所进行检查。经检查符合消防安全要求的，应当予以许可。

公众聚集场所未经消防救援机构许可的，不得投入使用、营业。消防安全检查的具体办法，由国务院应急管理部门制定。

第十六条 【单位的消防安全职责】 机关、团体、企业、事业等单位应当履行下列消防安全职责：

（一）落实消防安全责任制，制定本单位的消防安全制度、消防安全操作规程，制定灭火和应急疏散预案；

（二）按照国家标准、行业标准配置消防设施、器材，设置消防安全标志，并定期组织检验、维修，确保完好有效；

（三）对建筑消防设施每年至少进行一次全面检测，确保完好有效，检测记录应当完整准确，存档备查；

（四）保障疏散通道、安全出口、消防车通道畅通，保证防火防烟分区、防火间距符合消防技术标准；

（五）组织防火检查，及时消除火灾隐患；

（六）组织进行有针对性的消防演练；

（七）法律、法规规定的其他消防安全职责。

单位的主要负责人是本单位的消防安全责任人。

第十七条　【消防安全重点单位的消防安全职责】县级以上地方人民政府消防救援机构应当将发生火灾可能性较大以及发生火灾可能造成重大的人身伤亡或者财产损失的单位，确定为本行政区域内的消防安全重点单位，并由应急管理部门报本级人民政府备案。

消防安全重点单位除应当履行本法第十六条规定的职责外，还应当履行下列消防安全职责：

（一）确定消防安全管理人，组织实施本单位的消防安全管理工作；

（二）建立消防档案，确定消防安全重点部位，设置防火标志，实行严格管理；

（三）实行每日防火巡查，并建立巡查记录；

（四）对职工进行岗前消防安全培训，定期组织消防安全培训和消防演练。

第十八条　【共用建筑物的消防安全责任】同一建筑物由两个以上单位管理或者使用的，应当明确各方的消防安全责任，并确定责任人对共用的疏散通道、安全出口、建筑消防设施和消防车通道进行统一管理。

住宅区的物业服务企业应当对管理区域内的共用消防设

施进行维护管理，提供消防安全防范服务。

第十九条 【易燃易爆危险品生产经营场所的设置要求】生产、储存、经营易燃易爆危险品的场所不得与居住场所设置在同一建筑物内，并应当与居住场所保持安全距离。

生产、储存、经营其他物品的场所与居住场所设置在同一建筑物内的，应当符合国家工程建设消防技术标准。

第二十条 【大型群众性活动的消防安全】举办大型群众性活动，承办人应当依法向公安机关申请安全许可，制定灭火和应急疏散预案并组织演练，明确消防安全责任分工，确定消防安全管理人员，保持消防设施和消防器材配置齐全、完好有效，保证疏散通道、安全出口、疏散指示标志、应急照明和消防车通道符合消防技术标准和管理规定。

第二十一条 【特殊场所和特种作业防火要求】禁止在具有火灾、爆炸危险的场所吸烟、使用明火。因施工等特殊情况需要使用明火作业的，应当按照规定事先办理审批手续，采取相应的消防安全措施；作业人员应当遵守消防安全规定。

进行电焊、气焊等具有火灾危险作业的人员和自动消防系统的操作人员，必须持证上岗，并遵守消防安全操作规程。

第二十二条 【危险物品生产经营单位设置的消防安全要求】生产、储存、装卸易燃易爆危险品的工厂、仓库和专用车站、码头的设置，应当符合消防技术标准。易燃易爆气体和液体的充装站、供应站、调压站，应当设置在符合消防安全要求的位置，并符合防火防爆要求。

已经设置的生产、储存、装卸易燃易爆危险品的工厂、仓库和专用车站、码头，易燃易爆气体和液体的充装站、供应站、调压站，不再符合前款规定的，地方人民政府应当组织、协调有关部门、单位限期解决，消除安全隐患。

第二十三条 【易燃易爆危险品和可燃物资仓库管理】生产、储存、运输、销售、使用、销毁易燃易爆危险品,必须执行消防技术标准和管理规定。

进入生产、储存易燃易爆危险品的场所,必须执行消防安全规定。禁止非法携带易燃易爆危险品进入公共场所或者乘坐公共交通工具。

储存可燃物资仓库的管理,必须执行消防技术标准和管理规定。

第二十四条 【消防产品标准、强制性产品认证和技术鉴定制度】消防产品必须符合国家标准;没有国家标准的,必须符合行业标准。禁止生产、销售或者使用不合格的消防产品以及国家明令淘汰的消防产品。

依法实行强制性产品认证的消防产品,由具有法定资质的认证机构按照国家标准、行业标准的强制性要求认证合格后,方可生产、销售、使用。实行强制性产品认证的消防产品目录,由国务院产品质量监督部门会同国务院应急管理部门制定并公布。

新研制的尚未制定国家标准、行业标准的消防产品,应当按照国务院产品质量监督部门会同国务院应急管理部门规定的办法,经技术鉴定符合消防安全要求的,方可生产、销售、使用。

依照本条规定经强制性产品认证合格或者技术鉴定合格的消防产品,国务院应急管理部门应当予以公布。

第二十五条 【对消防产品质量的监督检查】产品质量监督部门、工商行政管理部门、消防救援机构应当按照各自职责加强对消防产品质量的监督检查。

第二十六条 【建筑构件、建筑材料和室内装修、装饰材料的防火

要求】建筑构件、建筑材料和室内装修、装饰材料的防火性能必须符合国家标准;没有国家标准的,必须符合行业标准。

人员密集场所室内装修、装饰,应当按照消防技术标准的要求,使用不燃、难燃材料。

第二十七条　【电器产品、燃气用具产品标准及其安装、使用的消防安全要求】电器产品、燃气用具的产品标准,应当符合消防安全的要求。

电器产品、燃气用具的安装、使用及其线路、管路的设计、敷设、维护保养、检测,必须符合消防技术标准和管理规定。

第二十八条　【保护消防设施、器材,保障消防通道畅通】任何单位、个人不得损坏、挪用或者擅自拆除、停用消防设施、器材,不得埋压、圈占、遮挡消火栓或者占用防火间距,不得占用、堵塞、封闭疏散通道、安全出口、消防车通道。人员密集场所的门窗不得设置影响逃生和灭火救援的障碍物。

第二十九条　【公共消防设施的维护】负责公共消防设施维护管理的单位,应当保持消防供水、消防通信、消防车通道等公共消防设施的完好有效。在修建道路以及停电、停水、截断通信线路时有可能影响消防队灭火救援的,有关单位必须事先通知当地消防救援机构。

第三十条　【加强农村消防工作】地方各级人民政府应当加强对农村消防工作的领导,采取措施加强公共消防设施建设,组织建立和督促落实消防安全责任制。

第三十一条　【重要防火时期的消防工作】在农业收获季节、森林和草原防火期间、重大节假日期间以及火灾多发季节,地方各级人民政府应当组织开展有针对性的消防宣传教育,采取防火措施,进行消防安全检查。

第三十二条　【基层组织的群众性消防工作】乡镇人民政府、城市街道办事处应当指导、支持和帮助村民委员会、居民委员会开展群众性的消防工作。村民委员会、居民委员会应当确定消防安全管理人，组织制定防火安全公约，进行防火安全检查。

第三十三条 【火灾公众责任保险】国家鼓励、引导公众聚集场所和生产、储存、运输、销售易燃易爆危险品的企业投保火灾公众责任保险；鼓励保险公司承保火灾公众责任保险。

第三十四条 【对消防安全技术服务的规范】消防设施维护保养检测、消防安全评估等消防技术服务机构应当符合从业条件，执业人员应当依法获得相应的资格；依照法律、行政法规、国家标准、行业标准和执业准则，接受委托提供消防技术服务，并对服务质量负责。

第三章 消 防 组 织

第三十五条 【消防组织建设】各级人民政府应当加强消防组织建设，根据经济社会发展的需要，建立多种形式的消防组织，加强消防技术人才培养，增强火灾预防、扑救和应急救援的能力。

第三十六条 【政府建立消防队】县级以上地方人民政府应当按照国家规定建立国家综合性消防救援队、专职消防队，并按照国家标准配备消防装备，承担火灾扑救工作。

乡镇人民政府应当根据当地经济发展和消防工作的需要，建立专职消防队、志愿消防队，承担火灾扑救工作。

第三十七条 【应急救援职责】国家综合性消防救援队、专职消防队按照国家规定承担重大灾害事故和其他以抢救人员生命为主的应急救援工作。

第三十八条 【消防队的能力建设】国家综合性消防救援队、专职消防队应当充分发挥火灾扑救和应急救援专业力量的骨干作用；按照国家规定，组织实施专业技能训练，配备并维护保养装备器材，提高火灾扑救和应急救援的能力。

第三十九条 【建立专职消防队】下列单位应当建立单位专职消防队，承担本单位的火灾扑救工作：

（一）大型核设施单位、大型发电厂、民用机场、主要港口；

（二）生产、储存易燃易爆危险品的大型企业；

（三）储备可燃的重要物资的大型仓库、基地；

（四）第一项、第二项、第三项规定以外的火灾危险性较大、距离国家综合性消防救援队较远的其他大型企业；

（五）距离国家综合性消防救援队较远、被列为全国重点文物保护单位的古建筑群的管理单位。

第四十条 【专职消防队的验收及队员福利待遇】专职消防队的建立，应当符合国家有关规定，并报当地消防救援机构验收。

专职消防队的队员依法享受社会保险和福利待遇。

第四十一条 【群众性消防组织】机关、团体、企业、事业等单位以及村民委员会、居民委员会根据需要，建立志愿消防队等多种形式的消防组织，开展群众性自防自救工作。

第四十二条 【消防救援机构与专职消防队、志愿消防队等消防组织的关系】消防救援机构应当对专职消防队、志愿消防队等消防组织进行业务指导；根据扑救火灾的需要，可以调动指挥专职消防队参加火灾扑救工作。

第四章　灭火救援

第四十三条 【火灾应急预案、应急反应和处置机制】县级以上地方人民政府应当组织有关部门针对本行政区域内的火灾特点制定应急预案，建立应急反应和处置机制，为火灾扑救和应急救援工作提供人员、装备等保障。

第四十四条 【火灾报警；现场疏散、扑救；消防队接警出动】任何人发现火灾都应当立即报警。任何单位、个人都应当无偿为报警提供便利,不得阻拦报警。严禁谎报火警。

人员密集场所发生火灾,该场所的现场工作人员应当立即组织、引导在场人员疏散。

任何单位发生火灾,必须立即组织力量扑救。邻近单位应当给予支援。

消防队接到火警,必须立即赶赴火灾现场,救助遇险人员,排除险情,扑灭火灾。

第四十五条 【组织火灾现场扑救及火灾现场总指挥的权限】消防救援机构统一组织和指挥火灾现场扑救,应当优先保障遇险人员的生命安全。

火灾现场总指挥根据扑救火灾的需要,有权决定下列事项:

(一)使用各种水源;

(二)截断电力、可燃气体和可燃液体的输送,限制用火用电;

(三)划定警戒区,实行局部交通管制;

(四)利用临近建筑物和有关设施;

(五)为了抢救人员和重要物资,防止火势蔓延,拆除或者破损毗邻火灾现场的建筑物、构筑物或者设施等;

(六)调动供水、供电、供气、通信、医疗救护、交通运输、环境保护等有关单位协助灭火救援。

根据扑救火灾的紧急需要,有关地方人民政府应当组织人员、调集所需物资支援灭火。

第四十六条 【重大灾害事故应急救援实行统一领导】国家综合性消防救援队、专职消防队参加火灾以外的其他重大灾害事故的应急救援工作,由县级以上人民政府统一领导。

第四十七条 【消防交通优先】消防车、消防艇前往执行火灾扑救或者应急救援任务,在确保安全的前提下,不受行驶速度、行驶路线、行驶方向和指挥信号的限制,其他车辆、船舶以及行人应当让行,不得穿插超越;收费公路、桥梁免收车辆通行费。交通管理指挥人员应当保证消防车、消防艇迅速通行。

赶赴火灾现场或者应急救援现场的消防人员和调集的消防装备、物资,需要铁路、水路或者航空运输的,有关单位应当优先运输。

第四十八条 【消防设施、器材严禁挪作他用】消防车、消防艇以及消防器材、装备和设施,不得用于与消防和应急救援工作无关的事项。

第四十九条 【扑救火灾、应急救援免收费用】国家综合性消防救援队、专职消防队扑救火灾、应急救援,不得收取任何费用。

单位专职消防队、志愿消防队参加扑救外单位火灾所损耗的燃料、灭火剂和器材、装备等,由火灾发生地的人民政府给予补偿。

第五十条 【医疗、抚恤】对因参加扑救火灾或者应急救援受伤、致残或者死亡的人员,按照国家有关规定给予医疗、抚恤。

第五十一条 【火灾事故调查】消防救援机构有权根据需要封闭火灾现场,负责调查火灾原因,统计火灾损失。

火灾扑灭后,发生火灾的单位和相关人员应当按照消防救援机构的要求保护现场,接受事故调查,如实提供与火灾有关的情况。

消防救援机构根据火灾现场勘验、调查情况和有关的检验、鉴定意见,及时制作火灾事故认定书,作为处理火灾事故的证据。

第五章 监督检查

第五十二条 【人民政府的监督检查】地方各级人民政府应当落实消防工作责任制，对本级人民政府有关部门履行消防安全职责的情况进行监督检查。

县级以上地方人民政府有关部门应当根据本系统的特点，有针对性地开展消防安全检查，及时督促整改火灾隐患。

第五十三条 【消防救援机构的监督检查】消防救援机构应当对机关、团体、企业、事业等单位遵守消防法律、法规的情况依法进行监督检查。公安派出所可以负责日常消防监督检查、开展消防宣传教育，具体办法由国务院公安部门规定。

消防救援机构、公安派出所的工作人员进行消防监督检查，应当出示证件。

第五十四条 【消除火灾隐患】消防救援机构在消防监督检查中发现火灾隐患的，应当通知有关单位或者个人立即采取措施消除隐患；不及时消除隐患可能严重威胁公共安全的，消防救援机构应当依照规定对危险部位或者场所采取临时查封措施。

第五十五条 【重大火灾隐患的发现及处理】消防救援机构在消防监督检查中发现城乡消防安全布局、公共消防设施不符合消防安全要求，或者发现本地区存在影响公共安全的重大火灾隐患的，应当由应急管理部门书面报告本级人民政府。

接到报告的人民政府应当及时核实情况，组织或者责成有关部门、单位采取措施，予以整改。

第五十六条 【相关部门及其工作人员应当遵循的执法原则】住房和城乡建设主管部门、消防救援机构及其工作人员应当按照法定的职权和程序进行消防设计审查、消防验收、备案抽查和消防安全检查，做到公正、严格、文明、高效。

住房和城乡建设主管部门、消防救援机构及其工作人员进行消防设计审查、消防验收、备案抽查和消防安全检查等，不得收取费用，不得利用职务谋取利益；不得利用职务为用户、建设单位指定或者变相指定消防产品的品牌、销售单位或者消防技术服务机构、消防设施施工单位。

第五十七条　【社会和公民监督】住房和城乡建设主管部门、消防救援机构及其工作人员执行职务，应当自觉接受社会和公民的监督。

任何单位和个人都有权对住房和城乡建设主管部门、消防救援机构及其工作人员在执法中的违法行为进行检举、控告。收到检举、控告的机关，应当按照职责及时查处。

第六章　法律责任

第五十八条　【对不符合消防设计审查、消防验收、消防安全检查要求等行为的处罚】违反本法规定，有下列行为之一的，由住房和城乡建设主管部门、消防救援机构按照各自职权责令停止施工、停止使用或者停产停业，并处三万元以上三十万元以下罚款：

（一）依法应当进行消防设计审查的建设工程，未经依法审查或者审查不合格，擅自施工的；

（二）依法应当进行消防验收的建设工程，未经消防验收或者消防验收不合格，擅自投入使用的；

（三）本法第十三条规定的其他建设工程验收后经依法抽查不合格，不停止使用的；

（四）公众聚集场所未经消防救援机构许可，擅自投入使用、营业的，或者经核查发现场所使用、营业情况与承诺内容不符的。

核查发现公众聚集场所使用、营业情况与承诺内容不符，经责令限期改正，逾期不整改或者整改后仍达不到要求的，依法撤销相应许可。

建设单位未依照本法规定在验收后报住房和城乡建设主管部门备案的，由住房和城乡建设主管部门责令改正，处五千元以下罚款。

第五十九条 【对不按消防技术标准设计、施工的行为的处罚】违反本法规定，有下列行为之一的，由住房和城乡建设主管部门责令改正或者停止施工，并处一万元以上十万元以下罚款：

（一）建设单位要求建筑设计单位或者建筑施工企业降低消防技术标准设计、施工的；

（二）建筑设计单位不按照消防技术标准强制性要求进行消防设计的；

（三）建筑施工企业不按照消防设计文件和消防技术标准施工，降低消防施工质量的；

（四）工程监理单位与建设单位或者建筑施工企业串通，弄虚作假，降低消防施工质量的。

第六十条 【对违背消防安全职责行为的处罚】单位违反本法规定，有下列行为之一的，责令改正，处五千元以上五万元以下罚款：

（一）消防设施、器材或者消防安全标志的配置、设置不符合国家标准、行业标准，或者未保持完好有效的；

（二）损坏、挪用或者擅自拆除、停用消防设施、器材的；

（三）占用、堵塞、封闭疏散通道、安全出口或者有其他妨碍安全疏散行为的；

（四）埋压、圈占、遮挡消火栓或者占用防火间距的；

（五）占用、堵塞、封闭消防车通道，妨碍消防车通行的；

（六）人员密集场所在门窗上设置影响逃生和灭火救援的障碍物的；

（七）对火灾隐患经消防救援机构通知后不及时采取措施消除的。

个人有前款第二项、第三项、第四项、第五项行为之一的，处警告或者五百元以下罚款。

有本条第一款第三项、第四项、第五项、第六项行为，经责令改正拒不改正的，强制执行，所需费用由违法行为人承担。

第六十一条　【对易燃易爆危险品生产经营场所设置不符合规定的处罚】生产、储存、经营易燃易爆危险品的场所与居住场所设置在同一建筑物内，或者未与居住场所保持安全距离的，责令停产停业，并处五千元以上五万元以下罚款。

生产、储存、经营其他物品的场所与居住场所设置在同一建筑物内，不符合消防技术标准的，依照前款规定处罚。

第六十二条　【对涉及消防的违反治安管理行为的处罚】有下列行为之一的，依照《中华人民共和国治安管理处罚法》的规定处罚：

（一）违反有关消防技术标准和管理规定生产、储存、运输、销售、使用、销毁易燃易爆危险品的；

（二）非法携带易燃易爆危险品进入公共场所或者乘坐公共交通工具的；

（三）谎报火警的；

（四）阻碍消防车、消防艇执行任务的；

（五）阻碍消防救援机构的工作人员依法执行职务的。

第六十三条　【对违反危险场所消防管理规定行为的处罚】违反本法规定，有下列行为之一的，处警告或者五百元以下罚款；情节严重的，处五日以下拘留：

（一）违反消防安全规定进入生产、储存易燃易爆危险品场所的；

（二）违反规定使用明火作业或者在具有火灾、爆炸危险的场所吸烟、使用明火的。

第六十四条　【对过失引起火灾、阻拦报火警等行为的处罚】违反本法规定，有下列行为之一，尚不构成犯罪的，处十日以上十五日以下拘留，可以并处五百元以下罚款；情节较轻的，处警告或者五百元以下罚款：

（一）指使或者强令他人违反消防安全规定，冒险作业的；

（二）过失引起火灾的；

（三）在火灾发生后阻拦报警，或者负有报告职责的人员不及时报警的；

（四）扰乱火灾现场秩序，或者拒不执行火灾现场指挥员指挥，影响灭火救援的；

（五）故意破坏或者伪造火灾现场的；

（六）擅自拆封或者使用被消防救援机构查封的场所、部位的。

第六十五条　【对生产、销售、使用不合格或国家明令淘汰的消防产品行为的处理】违反本法规定，生产、销售不合格的消防产品或者国家明令淘汰的消防产品的，由产品质量监督部门或者工商行政管理部门依照《中华人民共和国产品质量法》的规定从重处罚。

人员密集场所使用不合格的消防产品或者国家明令淘汰的消防产品的，责令限期改正；逾期不改正的，处五千元以上五万元以下罚款，并对其直接负责的主管人员和其他直接责任人员处五百元以上二千元以下罚款；情节严重的，责令停产停业。

消防救援机构对于本条第二款规定的情形，除依法对使用者予以处罚外，应当将发现不合格的消防产品和国家明令淘汰的消防产品的情况通报产品质量监督部门、工商行政管理部门。产品质量监督部门、工商行政管理部门应当对生产者、销售者依法及时查处。

第六十六条　【对电器产品、燃气用具的安装、使用等不符合消防技术标准和管理规定的处罚】电器产品、燃气用具的安装、使用及其线路、管路的设计、敷设、维护保养、检测不符合消防技术标准和管理规定的，责令限期改正；逾期不改正的，责令停止使用，可以并处一千元以上五千元以下罚款。

第六十七条　【单位未履行消防安全职责的法律责任】机关、团体、企业、事业等单位违反本法第十六条、第十七条、第十八条、第二十一条第二款规定的，责令限期改正；逾期不改正的，对其直接负责的主管人员和其他直接责任人员依法给予处分或者给予警告处罚。

第六十八条　【人员密集场所现场工作人员不履行职责的法律责任】人员密集场所发生火灾，该场所的现场工作人员不履行组织、引导在场人员疏散的义务，情节严重，尚不构成犯罪的，处五日以上十日以下拘留。

第六十九条　【消防技术服务机构失职的法律责任】消防设施维护保养检测、消防安全评估等消防技术服务机构，不具备从业条件从事消防技术服务活动或者出具虚假文件的，由消防救援机构责令改正，处五万元以上十万元以下罚款，并对直接负责的主管人员和其他直接责任人员处一万元以上五万元以下罚款；不按照国家标准、行业标准开展消防技术服务活动的，责令改正，处五万元以下罚款，并对直接负责的主管人员和其他直接责任人员处一万元以下罚款；有违法所得的，并处没收违法所得；给他人造成损失的，依法承担赔偿责任；情节严重的，依法责令停止执业或者吊销相应资格;造成重大损失的,由相关部门吊销营业执照,并对有关责任人员采取终身市场禁入措施。

前款规定的机构出具失实文件,给他人造成损失的,依法承担赔偿责任;造成重大损失的,由消防救援机构依法责令停止执业或者吊销相应资格,由相关部门吊销营业执照,并对有关责任人员采取终身市场禁入措施。

第七十条 【对违反消防行为的处罚程序】本法规定的行政处罚,除应当由公安机关依照《中华人民共和国治安管理处罚法》的有关规定决定的外,由住房和城乡建设主管部门、消防救援机构按照各自职权决定。

被责令停止施工、停止使用、停产停业的,应当在整改后向作出决定的部门或者机构报告,经检查合格,方可恢复施工、使用、生产、经营。

当事人逾期不执行停产停业、停止使用、停止施工决定的,由作出决定的部门或者机构强制执行。

责令停产停业,对经济和社会生活影响较大的,由住房和城乡建设主管部门或者应急管理部门报请本级人民政府依法决定。

第七十一条 【有关主管部门的工作人员滥用职权、玩忽职守、徇私舞弊的法律责任】住房和城乡建设主管部门、消防救援机构的工作人员滥用职权、玩忽职守、徇私舞弊,有下列行为之一,尚不构成犯罪的,依法给予处分:

(一)对不符合消防安全要求的消防设计文件、建设工程、场所准予审查合格、消防验收合格、消防安全检查合格的;

(二)无故拖延消防设计审查、消防验收、消防安全检查,不在法定期限内履行职责的;

（三）发现火灾隐患不及时通知有关单位或者个人整改的；

（四）利用职务为用户、建设单位指定或者变相指定消防产品的品牌、销售单位或者消防技术服务机构、消防设施施工单位的；

（五）将消防车、消防艇以及消防器材、装备和设施用于与消防和应急救援无关的事项的；

（六）其他滥用职权、玩忽职守、徇私舞弊的行为。

产品质量监督、工商行政管理等其他有关行政主管部门的工作人员在消防工作中滥用职权、玩忽职守、徇私舞弊，尚不构成犯罪的，依法给予处分。

第七十二条　【刑事责任】违反本法规定，构成犯罪的，依法追究刑事责任。

第七章　附　　则

第七十三条　【用语含义】本法下列用语的含义：

（一）消防设施，是指火灾自动报警系统、自动灭火系统、消火栓系统、防烟排烟系统以及应急广播和应急照明、安全疏散设施等。

（二）消防产品，是指专门用于火灾预防、灭火救援和火灾防护、避难、逃生的产品。

（三）公众聚集场所，是指宾馆、饭店、商场、集贸市场、客运车站候车室、客运码头候船厅、民用机场航站楼、体育场馆、会堂以及公共娱乐场所等。

（四）人员密集场所，是指公众聚集场所，医院的门诊楼、病房楼，学校的教学楼、图书馆、食堂和集体宿舍，养老院，福利院，托儿所，幼儿园，公共图书馆的阅览室，公共展览馆、博物馆的展示厅，劳动密集型企业的生产加工车间和员工集体宿舍，旅游、宗教活动场所等。

第七十四条 【施行日期】本法自2009年5月1日起施行。

城镇燃气管理条例

1. 2010年11月19日国务院令第583号公布
2. 根据2016年2月6日国务院令第666号《关于修改部分行政法规的决定》修订

第一章 总 则

第一条 为了加强城镇燃气管理,保障燃气供应,防止和减少燃气安全事故,保障公民生命、财产安全和公共安全,维护燃气经营者和燃气用户的合法权益,促进燃气事业健康发展,制定本条例。

第二条 城镇燃气发展规划与应急保障、燃气经营与服务、燃气使用、燃气设施保护、燃气安全事故预防与处理及相关管理活动,适用本条例。

天然气、液化石油气的生产和进口,城市门站以外的天然气管道输送,燃气作为工业生产原料的使用,沼气、秸秆气的生产和使用,不适用本条例。

本条例所称燃气,是指作为燃料使用并符合一定要求的气体燃料,包括天然气(含煤层气)、液化石油气和人工煤气等。

第三条 燃气工作应当坚持统筹规划、保障安全、确保供应、规范服务、节能高效的原则。

第四条 县级以上人民政府应当加强对燃气工作的领导,并将燃气工作纳入国民经济和社会发展规划。

第五条 国务院建设主管部门负责全国的燃气管理工作。

县级以上地方人民政府燃气管理部门负责本行政区域内的燃气管理工作。

县级以上人民政府其他有关部门依照本条例和其他有关法律、法规的规定,在各自职责范围内负责有关燃气管理工作。

第六条 国家鼓励、支持燃气科学技术研究,推广使用安全、节能、高效、环保的燃气新技术、新工艺和新产品。

第七条 县级以上人民政府有关部门应当建立健全燃气安全监督管理制度,宣传普及燃气法律、法规和安全知识,提高全民的燃气安全意识。

第二章 燃气发展规划与应急保障

第八条 国务院建设主管部门应当会同国务院有关部门,依据国民经济和社会发展规划、土地利用总体规划、城乡规划以及能源规划,结合全国燃气资源总量平衡情况,组织编制全国燃气发展规划并组织实施。

县级以上地方人民政府燃气管理部门应当会同有关部门,依据国民经济和社会发展规划、土地利用总体规划、城乡规划、能源规划以及上一级燃气发展规划,组织编制本行政区域的燃气发展规划,报本级人民政府批准后组织实施,并报上一级人民政府燃气管理部门备案。

第九条 燃气发展规划的内容应当包括:燃气气源、燃气种类、燃气供应方式和规模、燃气设施布局和建设时序、燃气设施建设用地、燃气设施保护范围、燃气供应保障措施和安全保障措施等。

第十条 县级以上地方人民政府应当根据燃气发展规划的要求,

加大对燃气设施建设的投入，并鼓励社会资金投资建设燃气设施。

第十一条 进行新区建设、旧区改造，应当按照城乡规划和燃气发展规划配套建设燃气设施或者预留燃气设施建设用地。

对燃气发展规划范围内的燃气设施建设工程，城乡规划主管部门在依法核发选址意见书时，应当就燃气设施建设是否符合燃气发展规划征求燃气管理部门的意见；不需要核发选址意见书的，城乡规划主管部门在依法核发建设用地规划许可证或者乡村建设规划许可证时，应当就燃气设施建设是否符合燃气发展规划征求燃气管理部门的意见。

燃气设施建设工程竣工后，建设单位应当依法组织竣工验收，并自竣工验收合格之日起 15 日内，将竣工验收情况报燃气管理部门备案。

第十二条 县级以上地方人民政府应当建立健全燃气应急储备制度，组织编制燃气应急预案，采取综合措施提高燃气应急保障能力。

燃气应急预案应当明确燃气应急气源和种类、应急供应方式、应急处置程序和应急救援措施等内容。

县级以上地方人民政府燃气管理部门应当会同有关部门对燃气供求状况实施监测、预测和预警。

第十三条 燃气供应严重短缺、供应中断等突发事件发生后，县级以上地方人民政府应当及时采取动用储备、紧急调度等应急措施，燃气经营者以及其他有关单位和个人应当予以配合，承担相关应急任务。

第三章 燃气经营与服务

第十四条 政府投资建设的燃气设施，应当通过招标投标方式选择燃气经营者。

社会资金投资建设的燃气设施，投资方可以自行经营，也可以另行选择燃气经营者。

第十五条 国家对燃气经营实行许可证制度。从事燃气经营活动的企业，应当具备下列条件：

（一）符合燃气发展规划要求；

（二）有符合国家标准的燃气气源和燃气设施；

（三）有固定的经营场所、完善的安全管理制度和健全的经营方案；

（四）企业的主要负责人、安全生产管理人员以及运行、维护和抢修人员经专业培训并考核合格；

（五）法律、法规规定的其他条件。

符合前款规定条件的，由县级以上地方人民政府燃气管理部门核发燃气经营许可证。

第十六条 禁止个人从事管道燃气经营活动。

个人从事瓶装燃气经营活动的，应当遵守省、自治区、直辖市的有关规定。

第十七条 燃气经营者应当向燃气用户持续、稳定、安全供应符合国家质量标准的燃气，指导燃气用户安全用气、节约用气，并对燃气设施定期进行安全检查。

燃气经营者应当公示业务流程、服务承诺、收费标准和服务热线等信息，并按照国家燃气服务标准提供服务。

第十八条 燃气经营者不得有下列行为：

（一）拒绝向市政燃气管网覆盖范围内符合用气条件的单位或者个人供气；

（二）倒卖、抵押、出租、出借、转让、涂改燃气经营许可证；

（三）未履行必要告知义务擅自停止供气、调整供气量，或者未经审批擅自停业或者歇业；

（四）向未取得燃气经营许可证的单位或者个人提供用于经营的燃气；

（五）在不具备安全条件的场所储存燃气；

（六）要求燃气用户购买其指定的产品或者接受其提供的服务；

（七）擅自为非自有气瓶充装燃气；

（八）销售未经许可的充装单位充装的瓶装燃气或者销售充装单位擅自为非自有气瓶充装的瓶装燃气；

（九）冒用其他企业名称或者标识从事燃气经营、服务活动。

第十九条 管道燃气经营者对其供气范围内的市政燃气设施、建筑区划内业主专有部分以外的燃气设施，承担运行、维护、抢修和更新改造的责任。

管道燃气经营者应当按照供气、用气合同的约定，对单位燃气用户的燃气设施承担相应的管理责任。

第二十条 管道燃气经营者因施工、检修等原因需要临时调整供气量或者暂停供气的，应当将作业时间和影响区域提前 48 小时予以公告或者书面通知燃气用户，并按照有关规定及时恢复正常供气；因突发事件影响供气的，应当采取紧急措施并及时通知燃气用户。

燃气经营者停业、歇业的，应当事先对其供气范围内的燃气用户的正常用气作出妥善安排，并在 90 个工作日前向所在地燃气管理部门报告，经批准方可停业、歇业。

第二十一条 有下列情况之一的，燃气管理部门应当采取措施，保障燃气用户的正常用气：

（一）管道燃气经营者临时调整供气量或者暂停供气未及

时恢复正常供气的；

（二）管道燃气经营者因突发事件影响供气未采取紧急措施的；

（三）燃气经营者擅自停业、歇业的；

（四）燃气管理部门依法撤回、撤销、注销、吊销燃气经营许可的。

第二十二条 燃气经营者应当建立健全燃气质量检测制度，确保所供应的燃气质量符合国家标准。

县级以上地方人民政府质量监督、工商行政管理、燃气管理等部门应当按照职责分工，依法加强对燃气质量的监督检查。

第二十三条 燃气销售价格，应当根据购气成本、经营成本和当地经济社会发展水平合理确定并适时调整。县级以上地方人民政府价格主管部门确定和调整管道燃气销售价格，应当征求管道燃气用户、管道燃气经营者和有关方面的意见。

第二十四条 通过道路、水路、铁路运输燃气的，应当遵守法律、行政法规有关危险货物运输安全的规定以及国务院交通运输部门、国务院铁路部门的有关规定；通过道路或者水路运输燃气的，还应当分别依照有关道路运输、水路运输的法律、行政法规的规定，取得危险货物道路运输许可或者危险货物水路运输许可。

第二十五条 燃气经营者应当对其从事瓶装燃气送气服务的人员和车辆加强管理，并承担相应的责任。

从事瓶装燃气充装活动，应当遵守法律、行政法规和国家标准有关气瓶充装的规定。

第二十六条 燃气经营者应当依法经营，诚实守信，接受社会公众的监督。

燃气行业协会应当加强行业自律管理,促进燃气经营者提高服务质量和技术水平。

第四章 燃 气 使 用

第二十七条 燃气用户应当遵守安全用气规则,使用合格的燃气燃烧器具和气瓶,及时更换国家明令淘汰或者使用年限已届满的燃气燃烧器具、连接管等,并按照约定期限支付燃气费用。

单位燃气用户还应当建立健全安全管理制度,加强对操作维护人员燃气安全知识和操作技能的培训。

第二十八条 燃气用户及相关单位和个人不得有下列行为:

(一)擅自操作公用燃气阀门;

(二)将燃气管道作为负重支架或者接地引线;

(三)安装、使用不符合气源要求的燃气燃烧器具;

(四)擅自安装、改装、拆除户内燃气设施和燃气计量装置;

(五)在不具备安全条件的场所使用、储存燃气;

(六)盗用燃气;

(七)改变燃气用途或者转供燃气。

第二十九条 燃气用户有权就燃气收费、服务等事项向燃气经营者进行查询,燃气经营者应当自收到查询申请之日起5个工作日内予以答复。

燃气用户有权就燃气收费、服务等事项向县级以上地方人民政府价格主管部门、燃气管理部门以及其他有关部门进行投诉,有关部门应当自收到投诉之日起15个工作日内予以处理。

第三十条 安装、改装、拆除户内燃气设施的,应当按照国家有关工程建设标准实施作业。

第三十一条 燃气管理部门应当向社会公布本行政区域内的燃气种类和气质成分等信息。

燃气燃烧器具生产单位应当在燃气燃烧器具上明确标识所适应的燃气种类。

第三十二条 燃气燃烧器具生产单位、销售单位应当设立或者委托设立售后服务站点，配备经考核合格的燃气燃烧器具安装、维修人员，负责售后的安装、维修服务。

燃气燃烧器具的安装、维修，应当符合国家有关标准。

第五章 燃气设施保护

第三十三条 县级以上地方人民政府燃气管理部门应当会同城乡规划等有关部门按照国家有关标准和规定划定燃气设施保护范围，并向社会公布。

在燃气设施保护范围内，禁止从事下列危及燃气设施安全的活动：

（一）建设占压地下燃气管线的建筑物、构筑物或者其他设施；

（二）进行爆破、取土等作业或者动用明火；

（三）倾倒、排放腐蚀性物质；

（四）放置易燃易爆危险物品或者种植深根植物；

（五）其他危及燃气设施安全的活动。

第三十四条 在燃气设施保护范围内，有关单位从事敷设管道、打桩、顶进、挖掘、钻探等可能影响燃气设施安全活动的，应当与燃气经营者共同制定燃气设施保护方案，并采取相应的安全保护措施。

第三十五条 燃气经营者应当按照国家有关工程建设标准和安全生产管理的规定，设置燃气设施防腐、绝缘、防雷、降压、隔离等保护装置和安全警示标志，定期进行巡查、检测、维修和维护，确保燃气设施的安全运行。

第三十六条 任何单位和个人不得侵占、毁损、擅自拆除或者移动燃气设施,不得毁损、覆盖、涂改、擅自拆除或者移动燃气设施安全警示标志。

任何单位和个人发现有可能危及燃气设施和安全警示标志的行为,有权予以劝阻、制止;经劝阻、制止无效的,应当立即告知燃气经营者或者向燃气管理部门、安全生产监督管理部门和公安机关报告。

第三十七条 新建、扩建、改建建设工程,不得影响燃气设施安全。

建设单位在开工前,应当查明建设工程施工范围内地下燃气管线的相关情况;燃气管理部门以及其他有关部门和单位应当及时提供相关资料。

建设工程施工范围内有地下燃气管线等重要燃气设施的,建设单位应当会同施工单位与管道燃气经营者共同制定燃气设施保护方案。建设单位、施工单位应当采取相应的安全保护措施,确保燃气设施运行安全;管道燃气经营者应当派专业人员进行现场指导。法律、法规另有规定的,依照有关法律、法规的规定执行。

第三十八条 燃气经营者改动市政燃气设施,应当制定改动方案,报县级以上地方人民政府燃气管理部门批准。

改动方案应当符合燃气发展规划,明确安全施工要求,有安全防护和保障正常用气的措施。

第六章 燃气安全事故预防与处理

第三十九条 燃气管理部门应当会同有关部门制定燃气安全事故应急预案,建立燃气事故统计分析制度,定期通报事故处理结果。

燃气经营者应当制定本单位燃气安全事故应急预案，配备应急人员和必要的应急装备、器材，并定期组织演练。

第四十条 任何单位和个人发现燃气安全事故或者燃气安全事故隐患等情况，应当立即告知燃气经营者，或者向燃气管理部门、公安机关消防机构等有关部门和单位报告。

第四十一条 燃气经营者应当建立健全燃气安全评估和风险管理体系，发现燃气安全事故隐患的，应当及时采取措施消除隐患。

燃气管理部门以及其他有关部门和单位应当根据各自职责，对燃气经营、燃气使用的安全状况等进行监督检查，发现燃气安全事故隐患的，应当通知燃气经营者、燃气用户及时采取措施消除隐患；不及时消除隐患可能严重威胁公共安全的，燃气管理部门以及其他有关部门和单位应当依法采取措施，及时组织消除隐患，有关单位和个人应当予以配合。

第四十二条 燃气安全事故发生后，燃气经营者应当立即启动本单位燃气安全事故应急预案，组织抢险、抢修。

燃气安全事故发生后，燃气管理部门、安全生产监督管理部门和公安机关消防机构等有关部门和单位，应当根据各自职责，立即采取措施防止事故扩大，根据有关情况启动燃气安全事故应急预案。

第四十三条 燃气安全事故经调查确定为责任事故的，应当查明原因、明确责任，并依法予以追究。

对燃气生产安全事故，依照有关生产安全事故报告和调查处理的法律、行政法规的规定报告和调查处理。

第七章 法律责任

第四十四条 违反本条例规定，县级以上地方人民政府及其燃气管理部门和其他有关部门，不依法作出行政许可决定或者办理批准文件的，发现违法行为或者接到对违法行为的举报不予查处的，或者有其他未依照本条例规定履行职责的行为的，对直接负责的主管人员和其他直接责任人员，依法给予处分；直接负责的主管人员和其他直接责任人员的行为构成犯罪的，依法追究刑事责任。

第四十五条 违反本条例规定，未取得燃气经营许可证从事燃气经营活动的，由燃气管理部门责令停止违法行为，处5万元以上50万元以下罚款；有违法所得的，没收违法所得；构成犯罪的，依法追究刑事责任。

违反本条例规定，燃气经营者不按照燃气经营许可证的规定从事燃气经营活动的，由燃气管理部门责令限期改正，处3万元以上20万元以下罚款；有违法所得的，没收违法所得；情节严重的，吊销燃气经营许可证；构成犯罪的，依法追究刑事责任。

第四十六条 违反本条例规定，燃气经营者有下列行为之一的，由燃气管理部门责令限期改正，处1万元以上10万元以下罚款；有违法所得的，没收违法所得；情节严重的，吊销燃气经营许可证；造成损失的，依法承担赔偿责任；构成犯罪的，依法追究刑事责任：

（一）拒绝向市政燃气管网覆盖范围内符合用气条件的单位或者个人供气的；

（二）倒卖、抵押、出租、出借、转让、涂改燃气经营许可证的；

（三）未履行必要告知义务擅自停止供气、调整供气量，或者未经审批擅自停业或者歇业的；

（四）向未取得燃气经营许可证的单位或者个人提供用于

经营的燃气的；

（五）在不具备安全条件的场所储存燃气的；

（六）要求燃气用户购买其指定的产品或者接受其提供的服务；

（七）燃气经营者未向燃气用户持续、稳定、安全供应符合国家质量标准的燃气，或者未对燃气用户的燃气设施定期进行安全检查。

第四十七条 违反本条例规定，擅自为非自有气瓶充装燃气或者销售未经许可的充装单位充装的瓶装燃气的，依照国家有关气瓶安全监察的规定进行处罚。

违反本条例规定，销售充装单位擅自为非自有气瓶充装的瓶装燃气的，由燃气管理部门责令改正，可以处 1 万元以下罚款。

违反本条例规定，冒用其他企业名称或者标识从事燃气经营、服务活动，依照有关反不正当竞争的法律规定进行处罚。

第四十八条 违反本条例规定，燃气经营者未按照国家有关工程建设标准和安全生产管理的规定，设置燃气设施防腐、绝缘、防雷、降压、隔离等保护装置和安全警示标志的，或者未定期进行巡查、检测、维修和维护的，或者未采取措施及时消除燃气安全事故隐患的，由燃气管理部门责令限期改正，处 1 万元以上 10 万元以下罚款。

第四十九条 违反本条例规定，燃气用户及相关单位和个人有下列行为之一的，由燃气管理部门责令限期改正；逾期不改正的，对单位可以处 10 万元以下罚款，对个人可以处 1000 元以下罚款；造成损失的，依法承担赔偿责任；构成犯罪的，依法追究刑事责任：

（一）擅自操作公用燃气阀门的；

（二）将燃气管道作为负重支架或者接地引线的；

（三）安装、使用不符合气源要求的燃气燃烧器具的；

（四）擅自安装、改装、拆除户内燃气设施和燃气计量装置的；

（五）在不具备安全条件的场所使用、储存燃气的；

（六）改变燃气用途或者转供燃气的；

（七）未设立售后服务站点或者未配备经考核合格的燃气燃烧器具安装、维修人员的；

（八）燃气燃烧器具的安装、维修不符合国家有关标准的。

盗用燃气的，依照有关治安管理处罚的法律规定进行处罚。

第五十条 违反本条例规定，在燃气设施保护范围内从事下列活动之一的，由燃气管理部门责令停止违法行为，限期恢复原状或者采取其他补救措施，对单位处 5 万元以上 10 万元以下罚款，对个人处 5000 元以上 5 万元以下罚款；造成损失的，依法承担赔偿责任；构成犯罪的，依法追究刑事责任：

（一）进行爆破、取土等作业或者动用明火的；

（二）倾倒、排放腐蚀性物质的；

（三）放置易燃易爆物品或者种植深根植物的；

（四）未与燃气经营者共同制定燃气设施保护方案，采取相应的安全保护措施，从事敷设管道、打桩、顶进、挖掘、钻探等可能影响燃气设施安全活动的。

违反本条例规定，在燃气设施保护范围内建设占压地下燃气管线的建筑物、构筑物或者其他设施的，依照有关城乡规划的法律、行政法规的规定进行处罚。

第五十一条 违反本条例规定，侵占、毁损、擅自拆除、移动燃气设施或者擅自改动市政燃气设施的，由燃气管理部门责令限期改正,恢复原状或者采取其他补救措施,对单位处5万元以上10万元以下罚款,对个人处5000元以上5万元以下罚款;造成损失的,依法承担赔偿责任;构成犯罪的,依法追究刑事责任。

违反本条例规定,毁损、覆盖、涂改、擅自拆除或者移动燃气设施安全警示标志的,由燃气管理部门责令限期改正,恢复原状,可以处5000元以下罚款。

第五十二条 违反本条例规定,建设工程施工范围内有地下燃气管线等重要燃气设施,建设单位未会同施工单位与管道燃气经营者共同制定燃气设施保护方案,或者建设单位、施工单位未采取相应的安全保护措施的,由燃气管理部门责令改正,处1万元以上10万元以下罚款;造成损失的,依法承担赔偿责任;构成犯罪的,依法追究刑事责任。

第八章 附 则

第五十三条 本条例下列用语的含义:

(一)燃气设施,是指人工煤气生产厂、燃气储配站、门站、气化站、混气站、加气站、灌装站、供应站、调压站、市政燃气管网等的总称,包括市政燃气设施、建筑区划内业主专有部分以外的燃气设施以及户内燃气设施等。

(二)燃气燃烧器具,是指以燃气为燃料的燃烧器具,包括居民家庭和商业用户所使用的燃气灶、热水器、沸水器、采暖器、空调器等器具。

第五十四条 农村的燃气管理参照本条例的规定执行。

第五十五条 本条例自2011年3月1日起施行。

机关、团体、企业、事业单位
消防安全管理规定

1. 2001年11月14日公安部令第61号发布
2. 自2002年5月1日起施行

第一章　总　　则

第一条　为了加强和规范机关、团体、企业、事业单位的消防安全管理,预防火灾和减少火灾危害,根据《中华人民共和国消防法》,制定本规定。

第二条　本规定适用于中华人民共和国境内的机关、团体、企业、事业单位(以下统称单位)自身的消防安全管理。

法律、法规另有规定的除外。

第三条　单位应当遵守消防法律、法规、规章(以下统称消防法规),贯彻预防为主、防消结合的消防工作方针,履行消防安全职责,保障消防安全。

第四条　法人单位的法定代表人或者非法人单位的主要负责人是单位的消防安全责任人,对本单位的消防安全工作全面负责。

第五条　单位应当落实逐级消防安全责任制和岗位消防安全责任制,明确逐级和岗位消防安全职责,确定各级、各岗位的消防安全责任人。

第二章 消防安全责任

第六条 单位的消防安全责任人应当履行下列消防安全职责：

（一）贯彻执行消防法规，保障单位消防安全符合规定，掌握本单位的消防安全情况；

（二）将消防工作与本单位的生产、科研、经营、管理等活动统筹安排，批准实施年度消防工作计划；

（三）为本单位的消防安全提供必要的经费和组织保障；

（四）确定逐级消防安全责任，批准实施消防安全制度和保障消防安全的操作规程；

（五）组织防火检查，督促落实火灾隐患整改，及时处理涉及消防安全的重大问题；

（六）根据消防法规的规定建立专职消防队、义务消防队；

（七）组织制定符合本单位实际的灭火和应急疏散预案，并实施演练。

第七条 单位可以根据需要确定本单位的消防安全管理人。消防安全管理人对单位的消防安全责任人负责，实施和组织落实下列消防安全管理工作：

（一）拟订年度消防工作计划，组织实施日常消防安全管理工作；

（二）组织制订消防安全制度和保障消防安全的操作规程并检查督促其落实；

（三）拟订消防安全工作的资金投入和组织保障方案；

（四）组织实施防火检查和火灾隐患整改工作；

（五）组织实施对本单位消防设施、灭火器材和消防安全标志的维护保养，确保其完好有效，确保疏散通道和安全出口畅通；

（六）组织管理专职消防队和义务消防队；

（七）在员工中组织开展消防知识、技能的宣传教育和培训，组织灭火和应急疏散预案的实施和演练；

（八）单位消防安全责任人委托的其他消防安全管理工作。

消防安全管理人应当定期向消防安全责任人报告消防安全情况，及时报告涉及消防安全的重大问题。未确定消防安全管理人的单位，前款规定的消防安全管理工作由单位消防安全责任人负责实施。

第八条 实行承包、租赁或者委托经营、管理时，产权单位应当提供符合消防安全要求的建筑物，当事人在订立的合同中依照有关规定明确各方的消防安全责任；消防车通道、涉及公共消防安全的疏散设施和其他建筑消防设施应当由产权单位或者委托管理的单位统一管理。

承包、承租或者受委托经营、管理的单位应当遵守本规定，在其使用、管理范围内履行消防安全职责。

第九条 对于有两个以上产权单位和使用单位的建筑物，各产权单位、使用单位对消防车通道、涉及公共消防安全的疏散设施和其他建筑消防设施应当明确管理责任，可以委托统一管理。

第十条 居民住宅区的物业管理单位应当在管理范围内履行下列消防安全职责：

（一）制定消防安全制度，落实消防安全责任，开展消防安全宣传教育；

（二）开展防火检查，消除火灾隐患；

（三）保障疏散通道、安全出口、消防车通道畅通；

（四）保障公共消防设施、器材以及消防安全标志完好有效。

其他物业管理单位应当对受委托管理范围内的公共消防

安全管理工作负责。

第十一条 举办集会、焰火晚会、灯会等具有火灾危险的大型活动的主办单位、承办单位以及提供场地的单位，应当在订立的合同中明确各方的消防安全责任。

第十二条 建筑工程施工现场的消防安全由施工单位负责。实行施工总承包的，由总承包单位负责。分包单位向总承包单位负责，服从总承包单位对施工现场的消防安全管理。

对建筑物进行局部改建、扩建和装修的工程，建设单位应当与施工单位在订立的合同中明确各方对施工现场的消防安全责任。

第三章 消防安全管理

第十三条 下列范围的单位是消防安全重点单位，应当按照本规定的要求，实行严格管理：

（一）商场（市场）、宾馆（饭店）、体育场（馆）、会堂、公共娱乐场所等公众聚集场所（以下统称公众聚集场所）；

（二）医院、养老院和寄宿制的学校、托儿所、幼儿园；

（三）国家机关；

（四）广播电台、电视台和邮政、通信枢纽；

（五）客运车站、码头、民用机场；

（六）公共图书馆、展览馆、博物馆、档案馆以及具有火灾危险性的文物保护单位；

（七）发电厂（站）和电网经营企业；

（八）易燃易爆化学物品的生产、充装、储存、供应、销售单位；

（九）服装、制鞋等劳动密集型生产、加工企业；

（十）重要的科研单位；

（十一）其他发生火灾可能性较大以及一旦发生火灾可能造成重大人身伤亡或者财产损失的单位。

高层办公楼（写字楼）、高层公寓楼等高层公共建筑，城市地下铁道、地下观光隧道等地下公共建筑和城市重要的交通隧道，粮、棉、木材、百货等物资集中的大型仓库和堆场，国家和省级等重点工程的施工现场，应当按照本规定对消防安全重点单位的要求，实行严格管理。

第十四条 消防安全重点单位及其消防安全责任人、消防安全管理人应当报当地公安消防机构备案。

第十五条 消防安全重点单位应当设置或者确定消防工作的归口管理职能部门，并确定专职或者兼职的消防管理人员；其他单位应当确定专职或者兼职消防管理人员，可以确定消防工作的归口管理职能部门。归口管理职能部门和专兼职消防管理人员在消防安全责任人或者消防安全管理人的领导下开展消防安全管理工作。

第十六条 公众聚集场所应当在具备下列消防安全条件后，向当地公安消防机构申报进行消防安全检查，经检查合格后方可开业使用：

（一）依法办理建筑工程消防设计审核手续，并经消防验收合格；

（二）建立健全消防安全组织，消防安全责任明确；

（三）建立消防安全管理制度和保障消防安全的操作规程；

（四）员工经过消防安全培训；

（五）建筑消防设施齐全、完好有效；

（六）制定灭火和应急疏散预案。

第十七条 举办集会、焰火晚会、灯会等具有火灾危险的大型活动，主办或者承办单位应当在具备消防安全条件后，向公安消防机构申报对活动现场进行消防安全检查,经检查合格后方可举办。

第十八条 单位应当按照国家有关规定,结合本单位的特点,建立健全各项消防安全制度和保障消防安全的操作规程,并公布执行。

单位消防安全制度主要包括以下内容:消防安全教育、培训;防火巡查、检查;安全疏散设施管理;消防(控制室)值班;消防设施、器材维护管理;火灾隐患整改;用火、用电安全管理;易燃易爆危险物品和场所防火防爆;专职和义务消防队的组织管理;灭火和应急疏散预案演练;燃气和电气设备的检查和管理(包括防雷、防静电);消防安全工作考评和奖惩;其他必要的消防安全内容。

第十九条 单位应当将容易发生火灾、一旦发生火灾可能严重危及人身和财产安全以及对消防安全有重大影响的部位确定为消防安全重点部位,设置明显的防火标志,实行严格管理。

第二十条 单位应当对动用明火实行严格的消防安全管理。禁止在具有火灾、爆炸危险的场所使用明火;因特殊情况需要进行电、气焊等明火作业的,动火部门和人员应当按照单位的用火管理制度办理审批手续,落实现场监护人,在确认无火灾、爆炸危险后方可动火施工。动火施工人员应当遵守消防安全规定,并落实相应的消防安全措施。

公众聚集场所或者两个以上单位共同使用的建筑物局部施工需要使用明火时,施工单位和使用单位应当共同采取措施,将施工区和使用区进行防火分隔,清除动火区域的易燃、可燃物,配置消防器材,专人监护,保证施工及使用范围的消防安全。

公共娱乐场所在营业期间禁止动火施工。

第二十一条 单位应当保障疏散通道、安全出口畅通，并设置符合国家规定的消防安全疏散指示标志和应急照明设施，保持防火门、防火卷帘、消防安全疏散指示标志、应急照明、机械排烟送风、火灾事故广播等设施处于正常状态。

严禁下列行为：

（一）占用疏散通道；

（二）在安全出口或者疏散通道上安装栅栏等影响疏散的障碍物；

（三）在营业、生产、教学、工作等期间将安全出口上锁、遮挡或者将消防安全疏散指示标志遮挡、覆盖；

（四）其他影响安全疏散的行为。

第二十二条 单位应当遵守国家有关规定，对易燃易爆危险物品的生产、使用、储存、销售、运输或者销毁实行严格的消防安全管理。

第二十三条 单位应当根据消防法规的有关规定，建立专职消防队、义务消防队，配备相应的消防装备、器材，并组织开展消防业务学习和灭火技能训练，提高预防和扑救火灾的能力。

第二十四条 单位发生火灾时，应当立即实施灭火和应急疏散预案，务必做到及时报警，迅速扑救火灾，及时疏散人员。邻近单位应当给予支援。任何单位、人员都应当无偿为报火警提供便利，不得阻拦报警。

单位应当为公安消防机构抢救人员、扑救火灾提供便利和条件。

火灾扑灭后，起火单位应当保护现场，接受事故调查，如实提供火灾事故的情况，协助公安消防机构调查火灾原因，核定火灾损失，查明火灾事故责任。未经公安消防机构同意，不得擅自清理灾现场。

第四章　防火检查

第二十五条　消防安全重点单位应当进行每日防火巡查，并确定巡查的人员、内容、部位和频次。其他单位可以根据需要组织防火巡查。巡查的内容应当包括：

（一）用火、用电有无违章情况；

（二）安全出口、疏散通道是否畅通，安全疏散指示标志、应急照明是否完好；

（三）消防设施、器材和消防安全标志是否在位、完整；

（四）常闭式防火门是否处于关闭状态，防火卷帘下是否堆放物品影响使用；

（五）消防安全重点部位的人员在岗情况；

（六）其他消防安全情况。

公众聚集场所在营业期间的防火巡查应当至少每二小时一次；营业结束时应当对营业现场进行检查，消除遗留火种。医院、养老院、寄宿制的学校、托儿所、幼儿园应当加强夜间防火巡查，其他消防安全重点单位可以结合实际组织夜间防火巡查。

防火巡查人员应当及时纠正违章行为，妥善处置火灾危险，无法当场处置的，应当立即报告。发现初起火灾应当立即报警并及时扑救。

防火巡查应当填写巡查记录，巡查人员及其主管人员应当在巡查记录上签名。

第二十六条　机关、团体、事业单位应当至少每季度进行一次防火检查，其他单位应当至少每月进行一次防火检查。检查的内容应当包括：

（一）火灾隐患的整改情况以及防范措施的落实情况；

（二）安全疏散通道、疏散指示标志、应急照明和安全出口情况；

（三）消防车通道、消防水源情况；

（四）灭火器材配置及有效情况；

（五）用火、用电有无违章情况；

（六）重点工种人员以及其他员工消防知识的掌握情况；

（七）消防安全重点部位的管理情况；

（八）易燃易爆危险物品和场所防火防爆措施的落实情况以及其他重要物资的防火安全情况；

（九）消防（控制室）值班情况和设施运行、记录情况；

（十）防火巡查情况；

（十一）消防安全标志的设置情况和完好、有效情况；

（十二）其他需要检查的内容。

防火检查应当填写检查记录。检查人员和被检查部门负责人应当在检查记录上签名。

第二十七条 单位应当按照建筑消防设施检查维修保养有关规定的要求，对建筑消防设施的完好有效情况进行检查和维修保养。

第二十八条 设有自动消防设施的单位，应当按照有关规定定期对其自动消防设施进行全面检查测试，并出具检测报告，存档备查。

第二十九条 单位应当按照有关规定定期对灭火器进行维护保养和维修检查。对灭火器应当建立档案资料，记明配置类型、数量、设置位置、检查维修单位（人员）、更换药剂的时间等有关情况。

第五章 火灾隐患整改

第三十条 单位对存在的火灾隐患，应当及时予以消除。

第三十一条 对下列违反消防安全规定的行为，单位应当责成有关人员当场改正并督促落实：

（一）违章进入生产、储存易燃易爆危险物品场所的；

（二）违章使用明火作业或者在具有火灾、爆炸危险的场所吸烟、使用明火等违反禁令的；

（三）将安全出口上锁、遮挡，或者占用、堆放物品影响疏散通道畅通的；

（四）消火栓、灭火器材被遮挡影响使用或者被挪作他用的；

（五）常闭式防火门处于开启状态，防火卷帘下堆放物品影响使用的；

（六）消防设施管理、值班人员和防火巡查人员脱岗的；

（七）违章关闭消防设施、切断消防电源的；

（八）其他可以当场改正的行为。

违反前款规定的情况以及改正情况应当有记录并存档备查。

第三十二条 对不能当场改正的火灾隐患，消防工作归口管理职能部门或者专兼职消防管理人员应当根据本单位的管理分工，及时将存在的火灾隐患向单位的消防安全管理人或者消防安全责任人报告，提出整改方案。消防安全管理人或者消防安全责任人应当确定整改的措施、期限以及负责整改的部门、人员，并落实整改资金。

在火灾隐患未消除之前，单位应当落实防范措施，保障消防安全。不能确保消防安全，随时可能引发火灾或者一旦发生火灾将严重危及人身安全的，应当将危险部位停产停业整改。

第三十三条 火灾隐患整改完毕，负责整改的部门或者人员应当将整改情况记录报送消防安全责任人或者消防安全管理人签字确认后存档备查。

第三十四条 对于涉及城市规划布局而不能自身解决的重大火灾隐患,以及机关、团体、事业单位确无能力解决的重大火灾隐患,单位应当提出解决方案并及时向其上级主管部门或者当地人民政府报告。

第三十五条 对公安消防机构责令限期改正的火灾隐患,单位应当在规定的期限内改正并写出火灾隐患整改复函,报送公安消防机构。

第六章 消防安全宣传教育和培训

第三十六条 单位应当通过多种形式开展经常性的消防安全宣传教育。消防安全重点单位对每名员工应当至少每年进行一次消防安全培训。宣传教育和培训内容应当包括:

(一)有关消防法规、消防安全制度和保障消防安全的操作规程;

(二)本单位、本岗位的火灾危险性和防火措施;

(三)有关消防设施的性能、灭火器材的使用方法;

(四)报火警、扑救初起火灾以及自救逃生的知识和技能。

公众聚集场所对员工的消防安全培训应当至少每半年进行一次,培训的内容还应当包括组织、引导在场群众疏散的知识和技能。

单位应当组织新上岗和进入新岗位的员工进行上岗前的消防安全培训。

第三十七条 公众聚集场所在营业、活动期间,应当通过张贴图画、广播、闭路电视等向公众宣传防火、灭火、疏散逃生等常识。

学校、幼儿园应当通过寓教于乐等多种形式对学生和幼儿进行消防安全常识教育。

第三十八条 下列人员应当接受消防安全专门培训：

（一）单位的消防安全责任人、消防安全管理人；

（二）专、兼职消防管理人员；

（三）消防控制室的值班、操作人员；

（四）其他依照规定应当接受消防安全专门培训的人员。

前款规定中的第（三）项人员应当持证上岗。

第七章 灭火、应急疏散预案和演练

第三十九条 消防安全重点单位制定的灭火和应急疏散预案应当包括下列内容：

（一）组织机构，包括：灭火行动组、通讯联络组、疏散引导组、安全防护救护组；

（二）报警和接警处置程序；

（三）应急疏散的组织程序和措施；

（四）扑救初起火灾的程序和措施；

（五）通讯联络、安全防护救护的程序和措施。

第四十条 消防安全重点单位应当按照灭火和应急疏散预案，至少每半年进行一次演练，并结合实际，不断完善预案。其他单位应当结合本单位实际，参照制定相应的应急方案，至少每年组织一次演练。

消防演练时，应当设置明显标识并事先告知演练范围内的人员。

第八章 消防档案

第四十一条 消防安全重点单位应当建立健全消防档案。消防档案应当包括消防安全基本情况和消防安全管理情况。消防档案应当详实，全面反映单位消防工作的基本情况，并附有必要的图表，根据情况变化及时更新。

单位应当对消防档案统一保管、备查。

第四十二条 消防安全基本情况应当包括以下内容：

（一）单位基本概况和消防安全重点部位情况；

（二）建筑物或者场所施工、使用或者开业前的消防设计审核、消防验收以及消防安全检查的文件、资料；

（三）消防管理组织机构和各级消防安全责任人；

（四）消防安全制度；

（五）消防设施、灭火器材情况；

（六）专职消防队、义务消防队人员及其消防装备配备情况；

（七）与消防安全有关的重点工种人员情况；

（八）新增消防产品、防火材料的合格证明材料；

（九）灭火和应急疏散预案。

第四十三条 消防安全管理情况应当包括以下内容：

（一）公安消防机构填发的各种法律文书；

（二）消防设施定期检查记录、自动消防设施全面检查测试的报告以及维修保养的记录；

（三）火灾隐患及其整改情况记录；

（四）防火检查、巡查记录；

（五）有关燃气、电气设备检测（包括防雷、防静电）等记录资料；

（六）消防安全培训记录；

（七）灭火和应急疏散预案的演练记录；

（八）火灾情况记录；

（九）消防奖惩情况记录。

前款规定中的第（二）、（三）、（四）、（五）项记录，应当记明检查的人员、时间、部位、内容、发现的火灾隐患以及处理措施等;第(六)项记录,应当记明培训的时间、参加人员、内容等;第(七)项记录,应当记明演练的时间、地点、内容、参加部门以及人员等。

第四十四条 其他单位应当将本单位的基本概况、公安消防机构填发的各种法律文书、与消防工作有关的材料和记录等统一保管备查。

第九章 奖 惩

第四十五条 单位应当将消防安全工作纳入内部检查、考核、评比内容。对在消防安全工作中成绩突出的部门(班组)和个人,单位应当给予表彰奖励。对未依法履行消防安全职责或者违反单位消防安全制度的行为,应当依照有关规定对责任人员给予行政纪律处分或者其他处理。

第四十六条 违反本规定,依法应当给予行政处罚的,依照有关法律、法规予以处罚;构成犯罪的,依法追究刑事责任。

第十章 附 则

第四十七条 公安消防机构对本规定的执行情况依法实施监督,并对自身滥用职权、玩忽职守、徇私舞弊的行为承担法律责任。

第四十八条 本规定自 2002 年 5 月 1 日起施行。本规定施行以前公安部发布的规章中的有关规定与本规定不一致的,以本规定为准。

消防监督检查规定

1. 2009年4月30日公安部令第107号发布
2. 根据2012年7月17日公安部令第120号《关于修改〈消防监督检查规定〉的决定》修订

第一章 总 则

第一条 为了加强和规范消防监督检查工作,督促机关、团体、企业、事业等单位(以下简称单位)履行消防安全职责,依据《中华人民共和国消防法》,制定本规定。

第二条 本规定适用于公安机关消防机构和公安派出所依法对单位遵守消防法律、法规情况进行消防监督检查。

第三条 直辖市、市(地区、州、盟)、县(市辖区、县级市、旗)公安机关消防机构具体实施消防监督检查,确定本辖区内的消防安全重点单位并由所属公安机关报本级人民政府备案。

公安派出所可以对居民住宅区的物业服务企业、居民委员会、村民委员会履行消防安全职责的情况和上级公安机关确定的单位实施日常消防监督检查。

公安派出所日常消防监督检查的单位范围由省级公安机关消防机构、公安派出所工作主管部门共同研究拟定,报省级公安机关确定。

第四条 上级公安机关消防机构应当对下级公安机关消防机构实施消防监督检查的情况进行指导和监督。

公安机关消防机构应当与公安派出所共同做好辖区消防

监督工作，并对公安派出所开展日常消防监督检查工作进行指导，定期对公安派出所民警进行消防监督业务培训。

第五条 对消防监督检查的结果，公安机关消防机构可以通过适当方式向社会公告；对检查发现的影响公共安全的火灾隐患应当定期公布，提示公众注意消防安全。

第二章 消防监督检查的形式和内容

第六条 消防监督检查的形式有：

（一）对公众聚集场所在投入使用、营业前的消防安全检查；

（二）对单位履行法定消防安全职责情况的监督抽查；

（三）对举报投诉的消防安全违法行为的核查；

（四）对大型群众性活动举办前的消防安全检查；

（五）根据需要进行的其他消防监督检查。

第七条 公安机关消防机构根据本地区火灾规律、特点等消防安全需要组织监督抽查；在火灾多发季节，重大节日、重大活动前或者期间，应当组织监督抽查。

消防安全重点单位应当作为监督抽查的重点，非消防安全重点单位必须在监督抽查的单位数量中占有一定比例。对属于人员密集场所的消防安全重点单位每年至少监督检查一次。

第八条 公众聚集场所在投入使用、营业前，建设单位或者使用单位应当向场所所在地的县级以上人民政府公安机关消防机构申请消防安全检查，并提交下列材料：

（一）消防安全检查申报表；

（二）营业执照复印件或者工商行政管理机关出具的企业名称预先核准通知书；

（三）依法取得的建设工程消防验收或者进行竣工验收消

防备案的法律文件复印件；

（四）消防安全制度、灭火和应急疏散预案、场所平面布置图；

（五）员工岗前消防安全教育培训记录和自动消防系统操作人员取得的消防行业特有工种职业资格证书复印件；

（六）法律、行政法规规定的其他材料。

依照《建设工程消防监督管理规定》不需要进行竣工验收消防备案的公众聚集场所申请消防安全检查的，还应当提交场所室内装修消防设计施工图、消防产品质量合格证明文件，以及装修材料防火性能符合消防技术标准的证明文件、出厂合格证。

公安机关消防机构对消防安全检查的申请，应当按照行政许可有关规定受理。

第九条 对公众聚集场所投入使用、营业前进行消防安全检查，应当检查下列内容：

（一）建筑物或者场所是否依法通过消防验收合格或者进行竣工验收消防备案抽查合格；依法进行竣工验收消防备案但没有进行备案抽查的建筑物或者场所是否符合消防技术标准；

（二）消防安全制度、灭火和应急疏散预案是否制定；

（三）自动消防系统操作人员是否持证上岗，员工是否经过岗前消防安全培训；

（四）消防设施、器材是否符合消防技术标准并完好有效；

（五）疏散通道、安全出口和消防车通道是否畅通；

（六）室内装修材料是否符合消防技术标准；

（七）外墙门窗上是否设置影响逃生和灭火救援的障碍物。

第十条 对单位履行法定消防安全职责情况的监督抽查，应当根据单位的实际情况检查下列内容：

（一）建筑物或者场所是否依法通过消防验收或者进行竣工验收消防备案，公众聚集场所是否通过投入使用、营业前的消防安全检查；

（二）建筑物或者场所的使用情况是否与消防验收或者进行竣工验收消防备案时确定的使用性质相符；

（三）消防安全制度、灭火和应急疏散预案是否制定；

（四）消防设施、器材和消防安全标志是否定期组织维修保养，是否完好有效；

（五）电器线路、燃气管路是否定期维护保养、检测；

（六）疏散通道、安全出口、消防车通道是否畅通，防火分区是否改变，防火间距是否被占用；

（七）是否组织防火检查、消防演练和员工消防安全教育培训，自动消防系统操作人员是否持证上岗；

（八）生产、储存、经营易燃易爆危险品的场所是否与居住场所设置在同一建筑物内；

（九）生产、储存、经营其他物品的场所与居住场所设置在同一建筑物内的，是否符合消防技术标准；

（十）其他依法需要检查的内容。

对人员密集场所还应当抽查室内装修材料是否符合消防技术标准、外墙门窗上是否设置影响逃生和灭火救援的障碍物。

第十一条 对消防安全重点单位履行法定消防安全职责情况的监督抽查，除检查本规定第十条规定的内容外，还应当检查下列内容：

（一）是否确定消防安全管理人；

（二）是否开展每日防火巡查并建立巡查记录；

（三）是否定期组织消防安全培训和消防演练；

（四）是否建立消防档案、确定消防安全重点部位。

对属于人员密集场所的消防安全重点单位，还应当检查单位灭火和应急疏散预案中承担灭火和组织疏散任务的人员是否确定。

第十二条 在大型群众性活动举办前对活动现场进行消防安全检查，应当重点检查下列内容：

（一）室内活动使用的建筑物（场所）是否依法通过消防验收或者进行竣工验收消防备案，公众聚集场所是否通过使用、营业前的消防安全检查；

（二）临时搭建的建筑物是否符合消防安全要求；

（三）是否制定灭火和应急疏散预案并组织演练；

（四）是否明确消防安全责任分工并确定消防安全管理人员；

（五）活动现场消防设施、器材是否配备齐全并完好有效；

（六）活动现场的疏散通道、安全出口和消防车通道是否畅通；

（七）活动现场的疏散指示标志和应急照明是否符合消防技术标准并完好有效。

第十三条 对大型的人员密集场所和其他特殊建设工程的施工现场进行消防监督检查，应当重点检查施工单位履行下列消防安全职责的情况：

（一）是否明确施工现场消防安全管理人员，是否制定施工现场消防安全制度、灭火和应急疏散预案；

（二）在建工程内是否设置人员住宿、可燃材料及易燃易爆危险品储存等场所；

（三）是否设置临时消防给水系统、临时消防应急照明，是否配备消防器材，并确保完好有效；

（四）是否设有消防车通道并畅通；

（五）是否组织员工消防安全教育培训和消防演练；

（六）施工现场人员宿舍、办公用房的建筑构件燃烧性能、安全疏散是否符合消防技术标准。

第三章 消防监督检查的程序

第十四条 公安机关消防机构实施消防监督检查时，检查人员不得少于两人，并出示执法身份证件。

消防监督检查应当填写检查记录，如实记录检查情况。

第十五条 对公众聚集场所投入使用、营业前的消防安全检查，公安机关消防机构应当自受理申请之日起十个工作日内进行检查，自检查之日起三个工作日内作出同意或者不同意投入使用或者营业的决定，并送达申请人。

第十六条 对大型群众性活动现场在举办前进行的消防安全检查，公安机关消防机构应当在接到本级公安机关治安部门书面通知之日起三个工作日内进行检查，并将检查记录移交本级公安机关治安部门。

第十七条 公安机关消防机构接到对消防安全违法行为的举报投诉，应当及时受理、登记，并按照《公安机关办理行政案件程序规定》的相关规定处理。

第十八条 公安机关消防机构应当按照下列时限，对举报投诉的消防安全违法行为进行实地核查：

（一）对举报投诉占用、堵塞、封闭疏散通道、安全出口或者其他妨碍安全疏散行为，以及擅自停用消防设施的，应当在接到举报投诉后二十四小时内进行核查；

（二）对举报投诉本款第一项以外的消防安全违法行为，应当在接到举报投诉之日起三个工作日内进行核查。

核查后，对消防安全违法行为应当依法处理。处理情况应当及时告知举报投诉人；无法告知的，应当在受理登记中注明。

第十九条 在消防监督检查中，公安机关消防机构对发现的依法应当责令立即改正的消防安全违法行为，应当当场制作、送达责令立即改正通知书，并依法予以处罚；对依法应当责令限期改正的，应当自检查之日起三个工作日内制作、送达责令限期改正通知书，并依法予以处罚。

对违法行为轻微并当场改正完毕，依法可以不予行政处罚的，可以口头责令改正，并在检查记录上注明。

第二十条 对依法责令限期改正的，应当根据改正违法行为的难易程度合理确定改正期限。

公安机关消防机构应当在责令限期改正期限届满或者收到当事人的复查申请之日起三个工作日内进行复查。对逾期不改正的，依法予以处罚。

第二十一条 在消防监督检查中，发现城乡消防安全布局、公共消防设施不符合消防安全要求，或者发现本地区存在影响公共安全的重大火灾隐患的，公安机关消防机构应当组织集体研究确定，自检查之日起七个工作日内提出处理意见，由所属公安机关书面报告本级人民政府解决；对影响公共安全的重大火灾隐患，还应当在确定之日起三个工作日内制作、送达重大火灾隐患整改通知书。

重大火灾隐患判定涉及复杂或者疑难技术问题的，公安机关消防机构应当在确定前组织专家论证。组织专家论证的，前款规定的期限可以延长十个工作日。

第二十二条 公安机关消防机构在消防监督检查中发现火灾隐患，应当通知有关单位或者个人立即采取措施消除；对具有下列情形之一，不及时消除可能严重威胁公共安全的，应当对危险部位或者场所予以临时查封：

（一）疏散通道、安全出口数量不足或者严重堵塞，已不具备安全疏散条件的；

（二）建筑消防设施严重损坏，不再具备防火灭火功能的；

（三）人员密集场所违反消防安全规定，使用、储存易燃易爆危险品的；

（四）公众聚集场所违反消防技术标准，采用易燃、可燃材料装修，可能导致重大人员伤亡的；

（五）其他可能严重威胁公共安全的火灾隐患。

临时查封期限不得超过三十日。临时查封期限届满后，当事人仍未消除火灾隐患的，公安机关消防机构可以再次依法予以临时查封。

第二十三条 临时查封应当由公安机关消防机构负责人组织集体研究决定。决定临时查封的，应当研究确定查封危险部位或者场所的范围、期限和实施方法，并自检查之日起三个工作日内制作、送达临时查封决定书。

情况紧急、不当场查封可能严重威胁公共安全的，消防监督检查人员可以在口头报请公安机关消防机构负责人同意后当场对危险部位或者场所实施临时查封，并在临时查封后二十四小时内由公安机关消防机构负责人组织集体研究，制作、送达临时查封决定书。经集体研究认为不应当采取临时查封措施的，应当立即解除。

第二十四条 临时查封由公安机关消防机构负责人组织实施。需要公安机关其他部门或者公安派出所配合的，公安机关消防机构应当报请所属公安机关组织实施。

实施临时查封应当遵守下列规定：

（一）实施临时查封时，通知当事人到场，当场告知当事人

采取临时查封的理由、依据以及当事人依法享有的权利、救济途径,听取当事人的陈述和申辩;

（二）当事人不到场的,邀请见证人到场,由见证人和消防监督检查人员在现场笔录上签名或者盖章;

（三）在危险部位或者场所及其有关设施、设备上加贴封条或者采取其他措施,使危险部位或者场所停止生产、经营或者使用;

（四）对实施临时查封情况制作现场笔录,必要时,可以进行现场照相或者录音录像。

实施临时查封后,当事人请求进入被查封的危险部位或者场所整改火灾隐患的,应当允许。但不得在被查封的危险部位或者场所生产、经营或者使用。

第二十五条 火灾隐患消除后,当事人应当向作出临时查封决定的公安机关消防机构申请解除临时查封。公安机关消防机构应当自收到申请之日起三个工作日内进行检查,自检查之日起三个工作日内作出是否同意解除临时查封的决定,并送达当事人。

对检查确认火灾隐患已消除的,应当作出解除临时查封的决定。

第二十六条 对当事人有《中华人民共和国消防法》第六十条第一款第三项、第四项、第五项、第六项规定的消防安全违法行为,经责令改正拒不改正的,公安机关消防机构应当按照《中华人民共和国行政强制法》第五十一条、第五十二条的规定组织强制清除或者拆除相关障碍物、妨碍物,所需费用由违法行为人承担。

第二十七条 当事人不执行公安机关消防机构作出的停产停业、停止使用、停止施工决定的,作出决定的公安机关消防机构应当自履行期限届满之日起三个工作日内催告当事人履行义务。当事人收到催告书后有权进行陈述和申辩。公安机关消防机构应当充分听取当事人的意见,记录、复核当事人提出的事实、理由和证据。当事人提出的事实、理由或者证据成立的,应当采纳。

经催告,当事人逾期仍不履行义务且无正当理由的,公安机关消防机构负责人应当组织集体研究强制执行方案,确定执行的方式和时间。强制执行决定书应当自决定之日起三个工作日内制作、送达当事人。

第二十八条 强制执行由作出决定的公安机关消防机构负责人组织实施。需要公安机关其他部门或者公安派出所配合的,公安机关消防机构应当报请所属公安机关组织实施;需要其他行政部门配合的,公安机关消防机构应当提出意见,并由所属公安机关报请本级人民政府组织实施。

实施强制执行应当遵守下列规定:

(一)实施强制执行时,通知当事人到场,当场向当事人宣读强制执行决定,听取当事人的陈述和申辩;

(二)当事人不到场的,邀请见证人到场,由见证人和消防监督检查人员在现场笔录上签名或者盖章;

(三)对实施强制执行过程制作现场笔录,必要时,可以进行现场照相或者录音录像;

(四)除情况紧急外,不得在夜间或者法定节假日实施强制执行;

(五)不得对居民生活采取停止供水、供电、供热、供燃气等方式迫使当事人履行义务。

有《中华人民共和国行政强制法》第三十九条、第四十条规定的情形之一的,中止执行或者终结执行。

第二十九条 对被责令停止施工、停止使用、停产停业处罚的当事人申请恢复施工、使用、生产、经营的，公安机关消防机构应当自收到书面申请之日起三个工作日内进行检查，自检查之日起三个工作日内作出决定，送达当事人。

对当事人已改正消防安全违法行为、具备消防安全条件的，公安机关消防机构应当同意恢复施工、使用、生产、经营；对违法行为尚未改正、不具备消防安全条件的，应当不同意恢复施工、使用、生产、经营，并说明理由。

第四章 公安派出所日常消防监督检查

第三十条 公安派出所对其日常监督检查范围的单位，应当每年至少进行一次日常消防监督检查。

公安派出所对群众举报投诉的消防安全违法行为，应当及时受理，依法处理；对属于公安机关消防机构管辖的，应当依照《公安机关办理行政案件程序规定》在受理后及时移送公安机关消防机构处理。

第三十一条 公安派出所对单位进行日常消防监督检查，应当检查下列内容：

（一）建筑物或者场所是否依法通过消防验收或者进行竣工验收消防备案，公众聚集场所是否依法通过投入使用、营业前的消防安全检查；

（二）是否制定消防安全制度；

（三）是否组织防火检查、消防安全宣传教育培训、灭火和应急疏散演练；

（四）消防车通道、疏散通道、安全出口是否畅通，室内消火栓、疏散指示标志、应急照明、灭火器是否完好有效；

（五）生产、储存、经营易燃易爆危险品的场所是否与居住场所设置在同一建筑物内。

对设有建筑消防设施的单位，公安派出所还应当检查单位是否对建筑消防设施定期组织维修保养。

对居民住宅区的物业服务企业进行日常消防监督检查，公安派出所除检查本条第一款第（二）至（四）项内容外，还应当检查物业服务企业对管理区域内共用消防设施是否进行维护管理。

第三十二条 公安派出所对居民委员会、村民委员会进行日常消防监督检查，应当检查下列内容：

（一）消防安全管理人是否确定；

（二）消防安全工作制度、村（居）民防火安全公约是否制定；

（三）是否开展消防宣传教育、防火安全检查；

（四）是否对社区、村庄消防水源（消火栓）、消防车通道、消防器材进行维护管理；

（五）是否建立志愿消防队等多种形式消防组织。

第三十三条 公安派出所民警在日常消防监督检查时，发现被检查单位有下列行为之一的，应当责令依法改正：

（一）未制定消防安全制度、未组织防火检查和消防安全教育培训、消防演练的；

（二）占用、堵塞、封闭疏散通道、安全出口的；

（三）占用、堵塞、封闭消防车通道，妨碍消防车通行的；

（四）埋压、圈占、遮挡消火栓或者占用防火间距的；

（五）室内消火栓、灭火器、疏散指示标志和应急照明未保持完好有效的；

（六）人员密集场所在外墙门窗上设置影响逃生和灭火救援的障碍物的；

（七）违反消防安全规定进入生产、储存易燃易爆危险品场所的；

（八）违反规定使用明火作业或者在具有火灾、爆炸危险的场所吸烟、使用明火的；

（九）生产、储存和经营易燃易爆危险品的场所与居住场所设置在同一建筑物内的；

（十）未对建筑消防设施定期组织维修保养的。

公安派出所发现被检查单位的建筑物未依法通过消防验收，或者进行竣工验收消防备案，擅自投入使用的；公众聚集场所未依法通过使用、营业前的消防安全检查，擅自使用、营业的，应当在检查之日起五个工作日内书面移交公安机关消防机构处理。

公安派出所民警进行日常消防监督检查，应当填写检查记录，记录发现的消防安全违法行为、责令改正的情况。

第三十四条 公安派出所在日常消防监督检查中，发现存在严重威胁公共安全的火灾隐患，应当在责令改正的同时书面报告乡镇人民政府或者街道办事处和公安机关消防机构。

第五章 执法监督

第三十五条 公安机关消防机构应当健全消防监督检查工作制度，建立执法档案，定期进行执法质量考评，落实执法过错责任追究。

公安机关消防机构及其工作人员进行消防监督检查，应当自觉接受单位和公民的监督。

第三十六条 公安机关消防机构及其工作人员在消防监督检查中有下列情形的，对直接负责的主管人员和其他直接责任人员应当依法给予处分；构成犯罪的，依法追究刑事责任：

（一）不按规定制作、送达法律文书，不按照本规定履行消防监督检查职责，拒不改正的；

（二）对不符合消防安全条件的公众聚集场所准予消防安全检查合格的；

（三）无故拖延消防安全检查，不在法定期限内履行职责的；

（四）未按照本规定组织开展消防监督抽查的；

（五）发现火灾隐患不及时通知有关单位或者个人整改的；

（六）利用消防监督检查职权为用户指定消防产品的品牌、销售单位或者指定消防技术服务机构、消防设施施工、维修保养单位的；

（七）接受被检查单位、个人财物或者其他不正当利益的；

（八）其他滥用职权、玩忽职守、徇私舞弊的行为。

第三十七条 公安机关消防机构工作人员的近亲属严禁在其管辖的区域或者业务范围内经营消防公司、承揽消防工程、推销消防产品。

违反前款规定的，按照有关规定对公安机关消防机构工作人员予以处分。

第六章 附 则

第三十八条 具有下列情形之一的，应当确定为火灾隐患：

（一）影响人员安全疏散或者灭火救援行动，不能立即改正的；

（二）消防设施未保持完好有效，影响防火灭火功能的；

（三）擅自改变防火分区，容易导致火势蔓延、扩大的；

（四）在人员密集场所违反消防安全规定，使用、储存易燃易爆危险品，不能立即改正的；

（五）不符合城市消防安全布局要求，影响公共安全的；

（六）其他可能增加火灾实质危险性或者危害性的情形。

重大火灾隐患按照国家有关标准认定。

第三十九条 有固定生产经营场所且具有一定规模的个体工商户，应当纳入消防监督检查范围。具体标准由省、自治区、直辖市公安机关消防机构确定并公告。

第四十条 铁路、港航、民航公安机关和国有林区的森林公安机关在管辖范围内实施消防监督检查参照本规定执行。

第四十一条 执行本规定所需要的法律文书式样，由公安部制定。

第四十二条 本规定自2009年5月1日起施行。2004年6月9日发布的《消防监督检查规定》（公安部令第73号）同时废止。

消防产品监督管理规定

1. 2012年8月13日公安部、国家工商行政管理总局、国家质量监督检验检疫总局令第122号发布
2. 自2013年1月1日起施行

第一章 总 则

第一条 为了加强消防产品监督管理，提高消防产品质量，依据《中华人民共和国消防法》、《中华人民共和国产品质量法》、《中华人民共和国认证认可条例》等有关法律、行政法规，制定本规定。

第二条 在中华人民共和国境内生产、销售、使用消防产品，以及

对消防产品质量实施监督管理,适用本规定。

本规定所称消防产品是指专门用于火灾预防、灭火救援和火灾防护、避难、逃生的产品。

第三条 消防产品必须符合国家标准;没有国家标准的,必须符合行业标准。未制定国家标准、行业标准的,应当符合消防安全要求,并符合保障人体健康、人身财产安全的要求和企业标准。

第四条 国家质量监督检验检疫总局、国家工商行政管理总局和公安部按照各自职责对生产、流通和使用领域的消防产品质量实施监督管理。

县级以上地方质量监督部门、工商行政管理部门和公安机关消防机构按照各自职责对本行政区域内生产、流通和使用领域的消防产品质量实施监督管理。

第二章 市场准入

第五条 依法实行强制性产品认证的消防产品,由具有法定资质的认证机构按照国家标准、行业标准的强制性要求认证合格后,方可生产、销售、使用。

消防产品认证机构应当将消防产品强制性认证有关信息报国家认证认可监督管理委员会和公安部消防局。

实行强制性产品认证的消防产品目录由国家质量监督检验检疫总局、国家认证认可监督管理委员会会同公安部制定并公布,消防产品认证基本规范、认证规则由国家认证认可监督管理委员会制定并公布。

第六条 国家认证认可监督管理委员会应当按照《中华人民共和国认证认可条例》的有关规定,经评审并征求公安部消防局意见后,指定从事消防产品强制性产品认证活动的机构以及与认证有关的检查机构、实验室,并向社会公布。

第七条 消防产品认证机构及其工作人员应当按照有关规定从事认证活动,客观公正地出具认证结论,对认证结果负责。不得增加、减少、遗漏或者变更认证基本规范、认证规则规定的程序。

第八条 从事消防产品强制性产品认证活动的检查机构、实验室及其工作人员,应当确保检查、检测结果真实、准确,并对检查、检测结论负责。

第九条 新研制的尚未制定国家标准、行业标准的消防产品,经消防产品技术鉴定机构技术鉴定符合消防安全要求的,方可生产、销售、使用。消防安全要求由公安部制定。

消防产品技术鉴定机构应当具备国家认证认可监督管理委员会依法认定的向社会出具具有证明作用的数据和结果的消防产品实验室资格或者从事消防产品合格评定活动的认证机构资格。消防产品技术鉴定机构名录由公安部公布。

公安机关消防机构和认证认可监督管理部门按照各自职责对消防产品技术鉴定机构进行监督。

公安部会同国家认证认可监督管理委员会参照消防产品认证机构和实验室管理工作规则,制定消防产品技术鉴定工作程序和规范。

第十条 消防产品技术鉴定应当遵守以下程序:

(一)委托人向消防产品技术鉴定机构提出书面委托,并提供有关文件资料;

(二)消防产品技术鉴定机构依照有关规定对文件资料进行审核;

(三)文件资料经审核符合要求的,消防产品技术鉴定机构按照消防安全要求和有关规定,组织实施消防产品型式检验和工厂检查；

（四）经鉴定认为消防产品符合消防安全要求的，技术鉴定机构应当在接受委托之日起九十日内颁发消防产品技术鉴定证书，并将消防产品有关信息报公安部消防局；认为不符合消防安全要求的，应当书面通知委托人，并说明理由。

消防产品检验时间不计入技术鉴定时限。

第十一条 消防产品技术鉴定机构及其工作人员应当按照有关规定开展技术鉴定工作，对技术鉴定结果负责。

第十二条 消防产品技术鉴定证书有效期为三年。

有效期届满，生产者需要继续生产消防产品的，应当在有效期届满前的六个月内，依照本规定第十条的规定，重新申请消防产品技术鉴定证书。

第十三条 在消防产品技术鉴定证书有效期内，消防产品的生产条件、检验手段、生产技术或者工艺发生变化，对性能产生重大影响的，生产者应当重新委托消防产品技术鉴定。

第十四条 在消防产品技术鉴定证书有效期内，相关消防产品的国家标准、行业标准颁布施行的，生产者应当保证生产的消防产品符合国家标准、行业标准。

前款规定的消防产品被列入强制性产品认证目录的，应当按照本规定实施强制性产品认证。未列入强制性产品认证目录的，在技术鉴定证书有效期届满后，不再实行技术鉴定。

第十五条 消防产品技术鉴定机构应当对其鉴定合格的产品实施有效的跟踪调查，鉴定合格的产品不能持续符合技术鉴定要求的，技术鉴定机构应当暂停其使用直至撤销鉴定证书，并予公布。

第十六条 经强制性产品认证合格或者技术鉴定合格的消防产品，公安部消防局应当予以公布。

第三章　产品质量责任和义务

第十七条　消防产品生产者应当对其生产的消防产品质量负责，建立有效的质量管理体系，保持消防产品的生产条件，保证产品质量、标志、标识符合相关法律法规和标准要求。不得生产应当获得而未获得市场准入资格的消防产品、不合格的消防产品或者国家明令淘汰的消防产品。

消防产品生产者应当建立消防产品销售流向登记制度，如实记录产品名称、批次、规格、数量、销售去向等内容。

第十八条　消防产品销售者应当建立并执行进货检查验收制度，验明产品合格证明和其他标识，不得销售应当获得而未获得市场准入资格的消防产品、不合格的消防产品或者国家明令淘汰的消防产品。

销售者应当采取措施，保持销售产品的质量。

第十九条　消防产品使用者应当查验产品合格证明、产品标识和有关证书，选用符合市场准入的、合格的消防产品。

建设工程设计单位在设计中选用的消防产品，应当注明产品规格、性能等技术指标，其质量要求应当符合国家标准、行业标准。当需要选用尚未制定国家标准、行业标准的消防产品时，应当选用经技术鉴定合格的消防产品。

建设工程施工企业应当按照工程设计要求、施工技术标准、合同的约定和消防产品有关技术标准，对进场的消防产品进行现场检查或者检验，如实记录进货来源、名称、批次、规格、数量等内容；现场检查或者检验不合格的，不得安装。现场检查记录或者检验报告应当存档备查。建设工程施工企业应当建立安装质量管理制度，严格执行有关标准、施工规范和相关要求，保证消防产品的安装质量。

工程监理单位应当依照法律、行政法规及有关技术标准、设计文件和建设工程承包合同对建设工程使用的消防产品的质量及其安装质量实施监督。

机关、团体、企业、事业等单位应当按照国家标准、行业标准定期组织对消防设施、器材进行维修保养,确保完好有效。

第四章 监督检查

第二十条 质量监督部门、工商行政管理部门依据《中华人民共和国产品质量法》以及相关规定对生产领域、流通领域的消防产品质量进行监督检查。

第二十一条 公安机关消防机构对使用领域的消防产品质量进行监督检查,实行日常监督检查和监督抽查相结合的方式。

第二十二条 公安机关消防机构在消防监督检查和建设工程消防监督管理工作中,对使用领域的消防产品质量进行日常监督检查,按照公安部《消防监督检查规定》、《建设工程消防监督管理规定》执行。

第二十三条 公安机关消防机构对使用领域的消防产品质量进行专项监督抽查,由省级以上公安机关消防机构制定监督抽查计划,由县级以上地方公安机关消防机构具体实施。

第二十四条 公安机关消防机构对使用领域的消防产品质量进行监督抽查,应当检查下列内容:

(一)列入强制性产品认证目录的消防产品是否具备强制性产品认证证书,新研制的尚未制定国家标准、行业标准的消防产品是否具备技术鉴定证书;

(二)按照强制性国家标准或者行业标准的规定,应当进行型式检验和出厂检验的消防产品,是否具备型式检验合格和出厂检验合格的证明文件;

（三）消防产品的外观标志、规格型号、结构部件、材料、性能参数、生产厂名、厂址与产地等是否符合有关规定；

（四）消防产品的关键性能是否符合消防产品现场检查判定规则的要求；

（五）法律、行政法规规定的其他内容。

第二十五条 公安机关消防机构实施消防产品质量监督抽查时，检查人员不得少于两人，并应当出示执法身份证件。

实施消防产品质量监督抽查应当填写检查记录，由检查人员、被检查单位管理人员签名；被检查单位管理人员对检查记录有异议或者拒绝签名的，检查人员应当在检查记录中注明。

第二十六条 公安机关消防机构应当根据本规定和消防产品现场检查判定规则，实施现场检查判定。对现场检查判定为不合格的，应当在三日内将判定结论送达被检查人。被检查人对消防产品现场检查判定结论有异议的，公安机关消防机构应当在五日内依照有关规定将样品送符合法定条件的产品质量检验机构进行监督检验，并自收到检验结果之日起三日内，将检验结果告知被检查人。

检验抽取的样品由被检查人无偿供给，其数量不得超过检验的合理需要。检验费用在规定经费中列支，不得向被检查人收取。

第二十七条 被检查人对公安机关消防机构抽样送检的产品检验结果有异议的，可以自收到检验结果之日起五日内向实施监督检查的公安机关消防机构提出书面复检申请。

公安机关消防机构受理复检申请，应当当场出具受理凭证。

公安机关消防机构受理复检申请后，应当在五日内将备用样品送检，自收到复检结果之日起三日内，将复检结果告知申请人。

复检申请以一次为限。复检合格的，费用列入监督抽查经费；不合格的，费用由申请人承担。

第二十八条 质量监督部门、工商行政管理部门接到对消防产品质量问题的举报投诉，应当按职责及时依法处理。对不属于本部门职责范围的，应当及时移交或者书面通报有关部门。

公安机关消防机构接到对消防产品质量问题的举报投诉，应当及时受理、登记，并按照公安部《公安机关办理行政案件程序规定》的相关规定和本规定中消防产品质量监督检查程序处理。

公安机关消防机构对举报投诉的消防产品质量问题进行核查后，对消防安全违法行为应当依法处理。核查、处理情况应当在三日内告知举报投诉人；无法告知的，应当在受理登记中注明。

第二十九条 公安机关消防机构发现使用依法应当获得市场准入资格而未获得准入资格的消防产品或者不合格的消防产品、国家明令淘汰的消防产品等使用领域消防产品质量违法行为，应当依法责令限期改正。

公安机关消防机构应当在收到当事人复查申请或者责令限期改正期限届满之日起三日内进行复查。复查应当填写记录。

第三十条 公安机关消防机构对发现的使用领域消防产品质量违法行为，应当依法查处，并及时将有关情况书面通报同级质量监督部门、工商行政管理部门；质量监督部门、工商行政管理部门应当对生产者、销售者依法及时查处。

第三十一条 质量监督部门、工商行政管理部门和公安机关消防机构应当按照有关规定，向社会公布消防产品质量监督检查情况、重大消防产品质量违法行为的行政处罚情况等信息。

第三十二条 任何单位和个人在接受质量监督部门、工商行政管理部门和公安机关消防机构依法开展的消防产品质量监督检查时，应当如实提供有关情况和资料。

任何单位和个人不得擅自转移、变卖、隐匿或者损毁被采取强制措施的物品，不得拒绝依法进行的监督检查。

第五章 法律责任

第三十三条 生产、销售不合格的消防产品或者国家明令淘汰的消防产品的，由质量监督部门或者工商行政管理部门依照《中华人民共和国产品质量法》的规定从重处罚。

第三十四条 有下列情形之一的，由公安机关消防机构责令改正，依照《中华人民共和国消防法》第五十九条处罚：

（一）建设单位要求建设工程施工企业使用不符合市场准入的消防产品、不合格的消防产品或者国家明令淘汰的消防产品的；

（二）建设工程设计单位选用不符合市场准入的消防产品，或者国家明令淘汰的消防产品进行消防设计的；

（三）建设工程施工企业安装不符合市场准入的消防产品、不合格的消防产品或者国家明令淘汰的消防产品的；

（四）工程监理单位与建设单位或者建设工程施工企业串通，弄虚作假，安装、使用不符合市场准入的消防产品、不合格的消防产品或者国家明令淘汰的消防产品的。

第三十五条 消防产品技术鉴定机构出具虚假文件的，由公安机关消防机构责令改正，依照《中华人民共和国消防法》第六十九条处罚。

第三十六条 人员密集场所使用不符合市场准入的消防产品的，

由公安机关消防机构责令限期改正；逾期不改正的，依照《中华人民共和国消防法》第六十五条第二款处罚。

非人员密集场所使用不符合市场准入的消防产品、不合格的消防产品或者国家明令淘汰的消防产品的，由公安机关消防机构责令限期改正；逾期不改正的，对非经营性场所处五百元以上一千元以下罚款，对经营性场所处五千元以上一万元以下罚款，并对直接负责的主管人员和其他直接责任人员处五百元以下罚款。

第三十七条 公安机关消防机构及其工作人员进行消防产品监督执法，应当严格遵守廉政规定，坚持公正、文明执法，自觉接受单位和公民的监督。

公安机关及其工作人员不得指定消防产品的品牌、销售单位，不得参与或者干预建设工程消防产品的招投标活动，不得接受被检查单位、个人的财物或者其他不正当利益。

第三十八条 质量监督部门、工商行政管理部门、公安机关消防机构工作人员在消防产品监督管理中滥用职权、玩忽职守、徇私舞弊的，依法给予处分。

第三十九条 违反本规定，构成犯罪的，依法追究刑事责任。

第六章 附 则

第四十条 消防产品目录由公安部消防局制定并公布。

第四十一条 消防产品进出口检验监管，由出入境检验检疫部门按照有关规定执行。

消防产品属于《中华人民共和国特种设备安全监察条例》规定的特种设备的，还应当遵守特种设备安全监察有关规定。

第四十二条 本规定中的“三日”、“五日”是指工作日，不含法定节假日。

第四十三条 公安机关消防机构执行本规定所需要的法律文书式样，由公安部制定。

第四十四条 本规定自2013年1月1日起施行。

高层民用建筑消防安全管理规定

1. 2021年6月21日应急管理部令第5号公布
2. 自2021年8月1日起施行

第一章 总 则

第一条 为了加强高层民用建筑消防安全管理，预防火灾和减少火灾危害，根据《中华人民共和国消防法》等法律、行政法规和国务院有关规定，制定本规定。

第二条 本规定适用于已经建成且依法投入使用的高层民用建筑（包括高层住宅建筑和高层公共建筑）的消防安全管理。

第三条 高层民用建筑消防安全管理贯彻预防为主、防消结合的方针，实行消防安全责任制。

建筑高度超过100米的高层民用建筑应当实行更加严格的消防安全管理。

第二章 消防安全职责

第四条 高层民用建筑的业主、使用人是高层民用建筑消防安全责任主体，对高层民用建筑的消防安全负责。高层民用建筑的业主、使用人是单位的，其法定代表人或者主要负责人是本单位的消防安全责任人。

高层民用建筑的业主、使用人可以委托物业服务企业或者消防技术服务机构等专业服务单位(以下统称消防服务单位)提供消防安全服务,并应当在服务合同中约定消防安全服务的具体内容。

第五条 同一高层民用建筑有两个及以上业主、使用人的,各业主、使用人对其专有部分的消防安全负责,对共有部分的消防安全共同负责。

同一高层民用建筑有两个及以上业主、使用人的,应当共同委托物业服务企业,或者明确一个业主、使用人作为统一管理人,对共有部分的消防安全实行统一管理,协调、指导业主、使用人共同做好整栋建筑的消防安全工作,并通过书面形式约定各方消防安全责任。

第六条 高层民用建筑以承包、租赁或者委托经营、管理等形式交由承包人、承租人、经营管理人使用的,当事人在订立承包、租赁、委托管理等合同时,应当明确各方消防安全责任。委托方、出租方依照法律规定,可以对承包方、承租方、受托方的消防安全工作统一协调、管理。

实行承包、租赁或者委托经营、管理时,业主应当提供符合消防安全要求的建筑物,督促使用人加强消防安全管理。

第七条 高层公共建筑的业主单位、使用单位应当履行下列消防安全职责:

(一)遵守消防法律法规,建立和落实消防安全管理制度;

(二)明确消防安全管理机构或者消防安全管理人员;

(三)组织开展防火巡查、检查,及时消除火灾隐患;

(四)确保疏散通道、安全出口、消防车通道畅通;

(五)对建筑消防设施、器材定期进行检验、维修,确保完好有效;

（六）组织消防宣传教育培训，制定灭火和应急疏散预案，定期组织消防演练；

（七）按照规定建立专职消防队、志愿消防队（微型消防站）等消防组织；

（八）法律、法规规定的其他消防安全职责。

委托物业服务企业，或者明确统一管理人实施消防安全管理的，物业服务企业或者统一管理人应当按照约定履行前款规定的消防安全职责，业主单位、使用单位应当督促并配合物业服务企业或者统一管理人做好消防安全工作。

第八条 高层公共建筑的业主、使用人、物业服务企业或者统一管理人应当明确专人担任消防安全管理人，负责整栋建筑的消防安全管理工作，并在建筑显著位置公示其姓名、联系方式和消防安全管理职责。

高层公共建筑的消防安全管理人应当履行下列消防安全管理职责：

（一）拟订年度消防工作计划，组织实施日常消防安全管理工作；

（二）组织开展防火检查、巡查和火灾隐患整改工作；

（三）组织实施对建筑共用消防设施设备的维护保养；

（四）管理专职消防队、志愿消防队（微型消防站）等消防组织；

（五）组织开展消防安全的宣传教育和培训；

（六）组织编制灭火和应急疏散综合预案并开展演练。

高层公共建筑的消防安全管理人应当具备与其职责相适应的消防安全知识和管理能力。对建筑高度超过 100 米的高层公共建筑，鼓励有关单位聘用相应级别的注册消防工程师或者相关工程类中级及以上专业技术职务的人员担任消防安全管理人。

第九条 高层住宅建筑的业主、使用人应当履行下列消防安全义务：

（一）遵守住宅小区防火安全公约和管理规约约定的消防安全事项；

（二）按照不动产权属证书载明的用途使用建筑；

（三）配合消防服务单位做好消防安全工作；

（四）按照法律规定承担消防服务费用以及建筑消防设施维修、更新和改造的相关费用；

（五）维护消防安全，保护消防设施，预防火灾，报告火警，成年人参加有组织的灭火工作；

（六）法律、法规规定的其他消防安全义务。

第十条 接受委托的高层住宅建筑的物业服务企业应当依法履行下列消防安全职责：

（一）落实消防安全责任，制定消防安全制度，拟订年度消防安全工作计划和组织保障方案；

（二）明确具体部门或者人员负责消防安全管理工作；

（三）对管理区域内的共用消防设施、器材和消防标志定期进行检测、维护保养，确保完好有效；

（四）组织开展防火巡查、检查，及时消除火灾隐患；

（五）保障疏散通道、安全出口、消防车通道畅通，对占用、堵塞、封闭疏散通道、安全出口、消防车通道等违规行为予以制止；制止无效的，及时报告消防救援机构等有关行政管理部门依法处理；

（六）督促业主、使用人履行消防安全义务；

（七）定期向所在住宅小区业主委员会和业主、使用人通报消防安全情况，提示消防安全风险；

(八)组织开展经常性的消防宣传教育;

(九)制定灭火和应急疏散预案,并定期组织演练;

(十)法律、法规规定和合同约定的其他消防安全职责。

第十一条 消防救援机构和其他负责消防监督检查的机构依法对高层民用建筑进行消防监督检查,督促业主、使用人、受委托的消防服务单位等落实消防安全责任;对监督检查中发现的火灾隐患,通知有关单位或者个人立即采取措施消除隐患。

消防救援机构应当加强高层民用建筑消防安全法律、法规的宣传,督促、指导有关单位做好高层民用建筑消防安全宣传教育工作。

第十二条 村民委员会、居民委员会应当依法组织制定防火安全公约,对高层民用建筑进行防火安全检查,协助人民政府和有关部门加强消防宣传教育;对老年人、未成年人、残疾人等开展有针对性的消防宣传教育,加强消防安全帮扶。

第十三条 供水、供电、供气、供热、通信、有线电视等专业运营单位依法对高层民用建筑内由其管理的设施设备消防安全负责,并定期进行检查和维护。

第三章 消防安全管理

第十四条 高层民用建筑施工期间,建设单位应当与施工单位明确施工现场的消防安全责任。施工期间应当严格落实现场防范措施,配置消防器材,指定专人监护,采取防火分隔措施,不得影响其他区域的人员安全疏散和建筑消防设施的正常使用。

高层民用建筑的业主、使用人不得擅自变更建筑使用功能、改变防火防烟分区,不得违反消防技术标准使用易燃、可燃装修装饰材料。

第十五条 高层民用建筑的业主、使用人或者物业服务企业、统一管理人应当对动用明火作业实行严格的消防安全管理，不得在具有火灾、爆炸危险的场所使用明火；因施工等特殊情况需要进行电焊、气焊等明火作业的，应当按照规定办理动火审批手续，落实现场监护人，配备消防器材，并在建筑主入口和作业现场显著位置公告。作业人员应当依法持证上岗，严格遵守消防安全规定，清除周围及下方的易燃、可燃物，采取防火隔离措施。作业完毕后，应当进行全面检查，消除遗留火种。

高层公共建筑内的商场、公共娱乐场所不得在营业期间动火施工。

高层公共建筑内应当确定禁火禁烟区域，并设置明显标志。

第十六条 高层民用建筑内电器设备的安装使用及其线路敷设、维护保养和检测应当符合消防技术标准及管理规定。

高层民用建筑业主、使用人或者消防服务单位，应当安排专业机构或者电工定期对管理区域内由其管理的电器设备及线路进行检查；对不符合安全要求的，应当及时维修、更换。

第十七条 高层民用建筑内燃气用具的安装使用及其管路敷设、维护保养和检测应当符合消防技术标准及管理规定。禁止违反燃气安全使用规定，擅自安装、改装、拆除燃气设备和用具。

高层民用建筑使用燃气应当采用管道供气方式。禁止在高层民用建筑地下部分使用液化石油气。

第十八条 禁止在高层民用建筑内违反国家规定生产、储存、经营甲、乙类火灾危险性物品。

第十九条 设有建筑外墙外保温系统的高层民用建筑，其管理单位应当在主入口及周边相关显著位置，设置提示性和警示性标识，标示外墙外保温材料的燃烧性能、防火要求。对高层民用建筑外墙外保温系统破损、开裂和脱落的，应当及时修复。高层民用建筑在进行外墙外保温系统施工时，建设单位应当采取必要的防火隔离以及限制住人和使用的措施，确保建筑内人员安全。

禁止使用易燃、可燃材料作为高层民用建筑外墙外保温材料。禁止在其建筑内及周边禁放区域燃放烟花爆竹；禁止在其外墙周围堆放可燃物。对于使用难燃外墙外保温材料或者采用与基层墙体、装饰层之间有空腔的建筑外墙外保温系统的高层民用建筑，禁止在其外墙动火用电。

第二十条 高层民用建筑的电缆井、管道井等竖向管井和电缆桥架应当在每层楼板处进行防火封堵，管井检查门应当采用防火门。

禁止占用电缆井、管道井，或者在电缆井、管道井等竖向管井堆放杂物。

第二十一条 高层民用建筑的户外广告牌、外装饰不得采用易燃、可燃材料，不得妨碍防烟排烟、逃生和灭火救援，不得改变或者破坏建筑立面防火结构。

禁止在高层民用建筑外窗设置影响逃生和灭火救援的障碍物。

建筑高度超过 50 米的高层民用建筑外墙上设置的装饰、广告牌应当采用不燃材料并易于破拆。

第二十二条 禁止在消防车通道、消防车登高操作场地设置构筑物、停车泊位、固定隔离桩等障碍物。

禁止在消防车通道上方、登高操作面设置妨碍消防车作业的架空管线、广告牌、装饰物等障碍物。

第二十三条 高层公共建筑内餐饮场所的经营单位应当及时对厨房灶具和排油烟罩设施进行清洗，排油烟管道每季度至少进行一次检查、清洗。

高层住宅建筑的公共排油烟管道应当定期检查，并采取防火措施。

第二十四条 除为满足高层民用建筑的使用功能所设置的自用物品暂存库房、档案室和资料室等附属库房外，禁止在高层民用建筑内设置其他库房。

高层民用建筑的附属库房应当采取相应的防火分隔措施，严格遵守有关消防安全管理规定。

第二十五条 高层民用建筑内的锅炉房、变配电室、空调机房、自备发电机房、储油间、消防水泵房、消防水箱间、防排烟风机房等设备用房应当按照消防技术标准设置，确定为消防安全重点部位，设置明显的防火标志，实行严格管理，并不得占用和堆放杂物。

第二十六条 高层民用建筑消防控制室应当由其管理单位实行24 小时值班制度，每班不应少于 2 名值班人员。

消防控制室值班操作人员应当依法取得相应等级的消防行业特有工种职业资格证书，熟练掌握火警处置程序和要求，按照有关规定检查自动消防设施、联动控制设备运行情况，确保其处于正常工作状态。

消防控制室内应当保存高层民用建筑总平面布局图、平面布置图和消防设施系统图及控制逻辑关系说明、建筑消防设施维修保养记录和检测报告等资料。

第二十七条 高层公共建筑内有关单位、高层住宅建筑所在社区居民委员会或者物业服务企业按照规定建立的专职消防队、志愿消防队（微型消防站）等消防组织，应当配备必要的人员、场所和器材、装备，定期进行消防技能培训和演练，开展防火巡查、消防宣传，及时处置、扑救初起火灾。

第二十八条 高层民用建筑的疏散通道、安全出口应当保持畅通,禁止堆放物品、锁闭出口、设置障碍物。平时需要控制人员出入或者设有门禁系统的疏散门,应当保证发生火灾时易于开启,并在现场显著位置设置醒目的提示和使用标识。

高层民用建筑的常闭式防火门应当保持常闭,闭门器、顺序器等部件应当完好有效;常开式防火门应当保证发生火灾时自动关闭并反馈信号。

禁止圈占、遮挡消火栓,禁止在消火栓箱内堆放杂物,禁止在防火卷帘下堆放物品。

第二十九条 高层民用建筑内应当在显著位置设置标识,指示避难层(间)的位置。

禁止占用高层民用建筑避难层(间)和避难走道或者堆放杂物,禁止锁闭避难层(间)和避难走道出入口。

第三十条 高层公共建筑的业主、使用人应当按照国家标准、行业标准配备灭火器材以及自救呼吸器、逃生缓降器、逃生绳等逃生疏散设施器材。

高层住宅建筑应当在公共区域的显著位置摆放灭火器材,有条件的配置自救呼吸器、逃生绳、救援哨、疏散用手电筒等逃生疏散设施器材。

鼓励高层住宅建筑的居民家庭制定火灾疏散逃生计划,并配置必要的灭火和逃生疏散器材。

第三十一条 高层民用建筑的消防车通道、消防车登高操作场地、灭火救援窗、灭火救援破拆口、消防车取水口、室外消火栓、消防水泵接合器、常闭式防火门等应当设置明显的提示性、警示性标识。消防车通道、消防车登高操作场地、防火卷帘下方还应当在地面标识出禁止占用的区域范围。消火栓箱、灭火器箱上应当张贴使用方法的标识。

高层民用建筑的消防设施配电柜电源开关、消防设备用房内管道阀门等应当标识开、关状态;对需要保持常开或者常闭状态的阀门,应当采取铅封等限位措施。

第三十二条 不具备自主维护保养检测能力的高层民用建筑业主、使用人或者物业服务企业应当聘请具备从业条件的消防技术服务机构或者消防设施施工安装企业对建筑消防设施进行维护保养和检测;存在故障、缺损的,应当立即组织维修、更换,确保完好有效。

因维修等需要停用建筑消防设施的,高层民用建筑的管理单位应当严格履行内部审批手续,制定应急方案,落实防范措施,并在建筑入口处等显著位置公告。

第三十三条 高层公共建筑消防设施的维修、更新、改造的费用,由业主、使用人按照有关法律规定承担,共有部分按照专有部分建筑面积所占比例承担。

高层住宅建筑的消防设施日常运行、维护和维修、更新、改造费用,由业主依照法律规定承担;委托消防服务单位的,消防设施的日常运行、维护和检测费用应当纳入物业服务或者消防技术服务专项费用。共用消防设施的维修、更新、改造费用,可以依法从住宅专项维修资金列支。

第三十四条 高层民用建筑应当进行每日防火巡查,并填写巡查记录。其中,高层公共建筑内公众聚集场所在营业期间应当至少每2小时进行一次防火巡查,医院、养老院、寄宿制学校、幼儿园应当进行白天和夜间防火巡查,高层住宅建筑和高层公共建筑内的其他场所可以结合实际确定防火巡查的频次。

防火巡查应当包括下列内容:

(一)用火、用电、用气有无违章情况;

(二)安全出口、疏散通道、消防车通道畅通情况;

(三)消防设施、器材完好情况,常闭式防火门关闭情况;

（四）消防安全重点部位人员在岗在位等情况。

第三十五条 高层住宅建筑应当每月至少开展一次防火检查，高层公共建筑应当每半个月至少开展一次防火检查，并填写检查记录。

防火检查应当包括下列内容：

（一）安全出口和疏散设施情况；

（二）消防车通道、消防车登高操作场地和消防水源情况；

（三）灭火器材配置及有效情况；

（四）用火、用电、用气和危险品管理制度落实情况；

（五）消防控制室值班和消防设施运行情况；

（六）人员教育培训情况；

（七）重点部位管理情况；

（八）火灾隐患整改以及防范措施的落实等情况。

第三十六条 对防火巡查、检查发现的火灾隐患，高层民用建筑的业主、使用人、受委托的消防服务单位，应当立即采取措施予以整改。

对不能当场改正的火灾隐患，应当明确整改责任、期限，落实整改措施，整改期间应当采取临时防范措施，确保消防安全；必要时，应当暂时停止使用危险部位。

第三十七条 禁止在高层民用建筑公共门厅、疏散走道、楼梯间、安全出口停放电动自行车或者为电动自行车充电。

鼓励在高层住宅小区内设置电动自行车集中存放和充电的场所。电动自行车存放、充电场所应当独立设置，并与高层民用建筑保持安全距离；确需设置在高层民用建筑内的，应当与该建筑的其他部分进行防火分隔。

电动自行车存放、充电场所应当配备必要的消防器材，充电设施应当具备充满自动断电功能。

第三十八条 鼓励高层民用建筑推广应用物联网和智能化技术手段对电气、燃气消防安全和消防设施运行等进行监控和预警。

未设置自动消防设施的高层住宅建筑，鼓励因地制宜安装火灾报警和喷水灭火系统、火灾应急广播以及可燃气体探测、无线手动火灾报警、无线声光火灾警报等消防设施。

第三十九条 高层民用建筑的业主、使用人或者消防服务单位、统一管理人应当每年至少组织开展一次整栋建筑的消防安全评估。消防安全评估报告应当包括存在的消防安全问题、火灾隐患以及改进措施等内容。

第四十条 鼓励、引导高层公共建筑的业主、使用人投保火灾公众责任保险。

第四章 消防宣传教育和灭火疏散预案

第四十一条 高层公共建筑内的单位应当每半年至少对员工开展一次消防安全教育培训。

高层公共建筑内的单位应当对本单位员工进行上岗前消防安全培训，并对消防安全管理人员、消防控制室值班人员和操作人员、电工、保安员等重点岗位人员组织专门培训。

高层住宅建筑的物业服务企业应当每年至少对居住人员进行一次消防安全教育培训，进行一次疏散演练。

第四十二条 高层民用建筑应当在每层的显著位置张贴安全疏散示意图，公共区域电子显示屏应当播放消防安全提示和消防安全知识。

高层公共建筑除遵守本条第一款规定外，还应当在首层显著位置提示公众注意火灾危险，以及安全出口、疏散通道和灭火器材的位置。

高层住宅小区除遵守本条第一款规定外，还应当在显著位置设置消防安全宣传栏,在高层住宅建筑单元入口处提示安全用火、用电、用气,以及电动自行车存放、充电等消防安全常识。

第四十三条 高层民用建筑应当结合场所特点,分级分类编制灭火和应急疏散预案。

规模较大或者功能业态复杂,且有两个及以上业主、使用人或者多个职能部门的高层公共建筑,有关单位应当编制灭火和应急疏散总预案,各单位或者职能部门应当根据场所、功能分区、岗位实际编制专项灭火和应急疏散预案或者现场处置方案(以下统称分预案)。

灭火和应急疏散预案应当明确应急组织机构,确定承担通信联络、灭火、疏散和救护任务的人员及其职责,明确报警、联络、灭火、疏散等处置程序和措施。

第四十四条 高层民用建筑的业主、使用人、受委托的消防服务单位应当结合实际,按照灭火和应急疏散总预案和分预案分别组织实施消防演练。

高层民用建筑应当每年至少进行一次全要素综合演练,建筑高度超过 100 米的高层公共建筑应当每半年至少进行一次全要素综合演练。编制分预案的,有关单位和职能部门应当每季度至少进行一次综合演练或者专项灭火、疏散演练。

演练前,有关单位应当告知演练范围内的人员并进行公告;演练时,应当设置明显标识;演练结束后,应当进行总结评估,并及时对预案进行修订和完善。

第四十五条 高层公共建筑内的人员密集场所应当按照楼层、区域确定疏散引导员,负责在火灾发生时组织、引导在场人员安全疏散。

第四十六条 火灾发生时,发现火灾的人员应当立即拨打 119 电话报警。

火灾发生后，高层民用建筑的业主、使用人、消防服务单位应当迅速启动灭火和应急疏散预案，组织人员疏散，扑救初起火灾。

火灾扑灭后，高层民用建筑的业主、使用人、消防服务单位应当组织保护火灾现场，协助火灾调查。

第五章　法律责任

第四十七条　违反本规定，有下列行为之一的，由消防救援机构责令改正，对经营性单位和个人处2000元以上10000元以下罚款，对非经营性单位和个人处500元以上1000元以下罚款：

（一）在高层民用建筑内进行电焊、气焊等明火作业，未履行动火审批手续、进行公告，或者未落实消防现场监护措施的；

（二）高层民用建筑设置的户外广告牌、外装饰妨碍防烟排烟、逃生和灭火救援，或者改变、破坏建筑立面防火结构的；

（三）未设置外墙外保温材料提示性和警示性标识，或者未及时修复破损、开裂和脱落的外墙外保温系统的；

（四）未按照规定落实消防控制室值班制度，或者安排不具备相应条件的人员值班的；

（五）未按照规定建立专职消防队、志愿消防队等消防组织的；

（六）因维修等需要停用建筑消防设施未进行公告、未制定应急预案或者未落实防范措施的；

（七）在高层民用建筑的公共门厅、疏散走道、楼梯间、安全出口停放电动自行车或者为电动自行车充电，拒不改正的。

第四十八条　违反本规定的其他消防安全违法行为，依照《中华人民共和国消防法》第六十条、第六十一条、第六十四条、第六十五条、第六十六条、第六十七条、第六十八条、第六十九条和有关法律法规予以处罚;构成犯罪的,依法追究刑事责任。

第四十九条 消防救援机构及其工作人员在高层民用建筑消防监督检查中,滥用职权、玩忽职守、徇私舞弊的,对直接负责的主管人员和其他直接责任人员依法给予处分;构成犯罪的,依法追究刑事责任。

第六章 附　　则

第五十条 本规定下列用语的含义:

(一)高层住宅建筑,是指建筑高度大于 27 米的住宅建筑。

(二)高层公共建筑,是指建筑高度大于 24 米的非单层公共建筑,包括宿舍建筑、公寓建筑、办公建筑、科研建筑、文化建筑、商业建筑、体育建筑、医疗建筑、交通建筑、旅游建筑、通信建筑等。

(三)业主,是指高层民用建筑的所有权人,包括单位和个人。

(四)使用人,是指高层民用建筑的承租人和其他实际使用人,包括单位和个人。

第五十一条 本规定自 2021 年 8 月 1 日起施行。

社会消防技术服务管理规定

1. 2021 年 9 月 13 日应急管理部令第 7 号公布
2. 自 2021 年 11 月 9 日起施行

第一章 总　　则

第一条 为规范社会消防技术服务活动,维护消防技术服务市场秩序,促进提高消防技术服务质量,根据《中华人民共和国消防法》,制定本规定。

第二条 在中华人民共和国境内从事社会消防技术服务活动、对消防技术服务机构实施监督管理,适用本规定。

本规定所称消防技术服务机构是指从事消防设施维护保养检测、消防安全评估等社会消防技术服务活动的企业。

第三条 消防技术服务机构及其从业人员开展社会消防技术服务活动应当遵循客观独立、合法公正、诚实信用的原则。

本规定所称消防技术服务从业人员,是指依法取得注册消防工程师资格并在消防技术服务机构中执业的专业技术人员,以及按照有关规定取得相应消防行业特有工种职业资格,在消防技术服务机构中从事社会消防技术服务活动的人员。

第四条 消防技术服务行业组织应当加强行业自律管理,规范从业行为,促进提升服务质量。

消防技术服务行业组织不得从事营利性社会消防技术服务活动,不得从事或者通过消防技术服务机构进行行业垄断。

第二章 从业条件

第五条 从事消防设施维护保养检测的消防技术服务机构,应当具备下列条件:

(一)取得企业法人资格;

(二)工作场所建筑面积不少于200平方米;

(三)消防技术服务基础设备和消防设施维护保养检测设备配备符合有关规定要求;

(四)注册消防工程师不少于2人,其中一级注册消防工程师不少于1人;

(五)取得消防设施操作员国家职业资格证书的人员不少

于6人,其中中级技能等级以上的不少于2人;

(六)健全的质量管理体系。

第六条 从事消防安全评估的消防技术服务机构,应当具备下列条件:

(一)取得企业法人资格;

(二)工作场所建筑面积不少于100平方米;

(三)消防技术服务基础设备和消防安全评估设备配备符合有关规定要求;

(四)注册消防工程师不少于2人,其中一级注册消防工程师不少于1人;

(五)健全的消防安全评估过程控制体系。

第七条 同时从事消防设施维护保养检测、消防安全评估的消防技术服务机构,应当具备下列条件:

(一)取得企业法人资格;

(二)工作场所建筑面积不少于200平方米;

(三)消防技术服务基础设备和消防设施维护保养检测、消防安全评估设备配备符合规定的要求;

(四)注册消防工程师不少于2人,其中一级注册消防工程师不少于1人;

(五)取得消防设施操作员国家职业资格证书的人员不少于6人,其中中级技能等级以上的不少于2人;

(六)健全的质量管理和消防安全评估过程控制体系。

第八条 消防技术服务机构可以在全国范围内从业。

第三章 社会消防技术服务活动

第九条 消防技术服务机构及其从业人员应当依照法律法规、技术标准和从业准则,开展下列社会消防技术服务活动,并对服务质量负责：

（一）消防设施维护保养检测机构可以从事建筑消防设施维护保养、检测活动；

（二）消防安全评估机构可以从事区域消防安全评估、社会单位消防安全评估、大型活动消防安全评估等活动，以及消防法律法规、消防技术标准、火灾隐患整改、消防安全管理、消防宣传教育等方面的咨询活动。

消防技术服务机构出具的结论文件，可以作为消防救援机构实施消防监督管理和单位（场所）开展消防安全管理的依据。

第十条 消防设施维护保养检测机构应当按照国家标准、行业标准规定的工艺、流程开展维护保养检测，保证经维护保养的建筑消防设施符合国家标准、行业标准。

第十一条 消防技术服务机构应当依法与从业人员签订劳动合同，加强对所属从业人员的管理。注册消防工程师不得同时在两个以上社会组织执业。

第十二条 消防技术服务机构应当设立技术负责人，对本机构的消防技术服务实施质量监督管理，对出具的书面结论文件进行技术审核。技术负责人应当具备一级注册消防工程师资格。

第十三条 消防技术服务机构承接业务，应当与委托人签订消防技术服务合同，并明确项目负责人。项目负责人应当具备相应的注册消防工程师资格。

消防技术服务机构不得转包、分包消防技术服务项目。

第十四条 消防技术服务机构出具的书面结论文件应当由技术负责人、项目负责人签名并加盖执业印章，同时加盖消防技术服务机构印章。

消防设施维护保养检测机构对建筑消防设施进行维护保养后，应当制作包含消防技术服务机构名称及项目负责人、维护保养日期等信息的标识,在消防设施所在建筑的醒目位置上予以公示。

第十五条 消防技术服务机构应当对服务情况作出客观、真实、完整的记录,按消防技术服务项目建立消防技术服务档案。

消防技术服务档案保管期限为6年。

第十六条 消防技术服务机构应当在其经营场所的醒目位置公示营业执照、工作程序、收费标准、从业守则、注册消防工程师注册证书、投诉电话等事项。

第十七条 消防技术服务机构收费应当遵守价格管理法律法规的规定。

第十八条 消防技术服务机构在从事社会消防技术服务活动中,不得有下列行为:

(一)不具备从业条件,从事社会消防技术服务活动;

(二)出具虚假、失实文件;

(三)消防设施维护保养检测机构的项目负责人或者消防设施操作员未到现场实地开展工作;

(四)泄露委托人商业秘密;

(五)指派无相应资格从业人员从事社会消防技术服务活动;

(六)冒用其他消防技术服务机构名义从事社会消防技术服务活动;

(七)法律、法规、规章禁止的其他行为。

第四章 监督管理

第十九条 县级以上人民政府消防救援机构依照有关法律、法规和本规定,对本行政区域内的社会消防技术服务活动实施监督管理。

消防技术服务机构及其从业人员对消防救援机构依法进行的监督管理应当协助和配合,不得拒绝或者阻挠。

第二十条 应急管理部消防救援局应当建立和完善全国统一的社会消防技术服务信息系统,公布消防技术服务机构及其从业人员的有关信息,发布从业、诚信和监督管理信息,并为社会提供有关信息查询服务。

第二十一条 县级以上人民政府消防救援机构对社会消防技术服务活动开展监督检查的形式有:

(一)结合日常消防监督检查工作,对消防技术服务质量实施监督抽查;

(二)根据需要实施专项检查;

(三)发生火灾事故后实施倒查;

(四)对举报投诉和交办移送的消防技术服务机构及其从业人员的违法从业行为进行核查。

开展社会消防技术服务活动监督检查可以根据实际需要,通过网上核查、服务单位实地核查、机构办公场所现场检查等方式实施。

第二十二条 消防救援机构在对单位(场所)实施日常消防监督检查时,可以对为该单位(场所)提供服务的消防技术服务机构的服务质量实施监督抽查。抽查内容为:

(一)是否冒用其他消防技术服务机构名义从事社会消防技术服务活动;

(二)从事相关社会消防技术服务活动的人员是否具有相应资格;

(三)是否按照国家标准、行业标准维护保养、检测建筑消防设施,经维护保养的建筑消防设施是否符合国家标准、行业标准;

（四）消防设施维护保养检测机构的项目负责人或者消防设施操作员是否到现场实地开展工作；

（五）是否出具虚假、失实文件；

（六）出具的书面结论文件是否由技术负责人、项目负责人签名、盖章，并加盖消防技术服务机构印章；

（七）是否与委托人签订消防技术服务合同；

（八）是否在经其维护保养的消防设施所在建筑的醒目位置公示消防技术服务信息。

第二十三条 消防救援机构根据消防监督管理需要，可以对辖区内从业的消防技术服务机构进行专项检查。专项检查应当随机抽取检查对象，随机选派检查人员，检查情况及查处结果及时向社会公开。专项检查可以抽查下列内容：

（一）是否具备从业条件；

（二）所属注册消防工程师是否同时在两个以上社会组织执业；

（三）从事相关社会消防技术服务活动的人员是否具有相应资格；

（四）是否转包、分包消防技术服务项目；

（五）是否出具虚假、失实文件；

（六）是否设立技术负责人、明确项目负责人，出具的书面结论文件是否由技术负责人、项目负责人签名、盖章，并加盖消防技术服务机构印章；

（七）是否与委托人签订消防技术服务合同；

（八）是否在经营场所公示营业执照、工作程序、收费标准、从业守则、注册消防工程师注册证书、投诉电话等事项；

（九）是否建立和保管消防技术服务档案。

第二十四条 发生有人员死亡或者造成重大社会影响的火灾，消防救援机构开展火灾事故调查时,应当对为起火单位(场所)提供服务的消防技术服务机构实施倒查。

消防救援机构组织调查其他火灾,可以根据需要对为起火单位(场所)提供服务的消防技术服务机构实施倒查。

倒查按照本规定第二十二条、第二十三条的抽查内容实施。

第二十五条 消防救援机构及其工作人员不得设立消防技术服务机构,不得参与消防技术服务机构的经营活动,不得指定或者变相指定消防技术服务机构,不得利用职务接受有关单位或者个人财物,不得滥用行政权力排除、限制竞争。

第五章 法律责任

第二十六条 消防技术服务机构违反本规定,冒用其他消防技术服务机构名义从事社会消防技术服务活动的,责令改正,处2万元以上3万元以下罚款。

第二十七条 消防技术服务机构违反本规定,有下列情形之一的,责令改正,处1万元以上2万元以下罚款:

(一)所属注册消防工程师同时在两个以上社会组织执业的;

(二)指派无相应资格从业人员从事社会消防技术服务活动的;

(三)转包、分包消防技术服务项目的。

对有前款第一项行为的注册消防工程师,处5000元以上1万元以下罚款。

第二十八条 消防技术服务机构违反本规定,有下列情形之一的,责令改正,处1万元以下罚款:

(一)未设立技术负责人、未明确项目负责人的;

（二）出具的书面结论文件未经技术负责人、项目负责人签名、盖章，或者未加盖消防技术服务机构印章的；

（三）承接业务未依法与委托人签订消防技术服务合同的；

（四）消防设施维护保养检测机构的项目负责人或者消防设施操作员未到现场实地开展工作的；

（五）未建立或者保管消防技术服务档案的；

（六）未公示营业执照、工作程序、收费标准、从业守则、注册消防工程师注册证书、投诉电话等事项的。

第二十九条 消防技术服务机构不具备从业条件从事社会消防技术服务活动或者出具虚假文件、失实文件的，或者不按照国家标准、行业标准开展社会消防技术服务活动的，由消防救援机构依照《中华人民共和国消防法》第六十九条的有关规定处罚。

第三十条 消防设施维护保养检测机构未按照本规定要求在经其维护保养的消防设施所在建筑的醒目位置上公示消防技术服务信息的，责令改正，处5000元以下罚款。

第三十一条 消防救援机构对消防技术服务机构及其从业人员实施积分信用管理，具体办法由应急管理部消防救援局制定。

第三十二条 消防技术服务机构有违反本规定的行为，给他人造成损失的，依法承担赔偿责任；经维护保养的建筑消防设施不能正常运行，发生火灾时未发挥应有作用，导致伤亡、损失扩大的，从重处罚；构成犯罪的，依法追究刑事责任。

第三十三条 本规定中的行政处罚由违法行为地设区的市级、县级人民政府消防救援机构决定。

第三十四条 消防技术服务机构及其从业人员对消防救援机构在消防技术服务监督管理中作出的具体行政行为不服的，可以依法申请行政复议或者提起行政诉讼。

第三十五条 消防救援机构的工作人员设立消防技术服务机构，或者参与消防技术服务机构的经营活动，或者指定、变相指定消防技术服务机构，或者利用职务接受有关单位、个人财物，或者滥用行政权力排除、限制竞争，或者有其他滥用职权、玩忽职守、徇私舞弊的行为，依照有关规定给予处分；构成犯罪的，依法追究刑事责任。

第六章 附 则

第三十六条 保修期内的建筑消防设施由施工单位进行维护保养的，不适用本规定。

第三十七条 本规定所称虚假文件，是指消防技术服务机构未提供服务或者以篡改结果方式出具的消防技术文件，或者出具的与当时实际情况严重不符、结论定性严重偏离客观实际的消防技术文件。

本规定所称失实文件，是指消防技术服务机构出具的与当时实际情况部分不符、结论定性部分偏离客观实际的消防技术文件。

第三十八条 本规定中的“以上”、“以下”均含本数。

第三十九条 执行本规定所需要的文书式样，以及消防技术服务机构应当配备的仪器、设备、设施目录，由应急管理部制定。

第四十条 本规定自2021年11月9日起施行。

二、特殊场所的消防规定

仓库防火安全管理规则

1990 年 4 月 10 日公安部令第 6 号发布施行

第一章　总　　则

第一条　为了加强仓库消防安全管理，保护仓库免受火灾危害。根据《中华人民共和国消防条例》及其实施细则的有关规定，制定本规则。

第二条　仓库消防安全必须贯彻“预防为主，防消结合”的方针，实行“谁主管，谁负责”的原则。仓库消防安全由本单位及其上级主管部门负责。

第三条　本规则由县级以上公安机关消防监督机构负责监督。

第四条　本规则适用于国家、集体和个体经营的储存物品的各类仓库、堆栈、货场。储存火药、炸药、火工品和军工物资的仓库，按照国家有关规定执行。

第二章　组 织 管 理

第五条　新建、扩建和改建的仓库建筑设计，要符合国家建筑设计防火规范的有关规定，并经公安消防监督机构审核。仓库竣工时，其主管部门应当会同公安消防监督等有关部门进行验收;验收不合格的,不得交付使用。

第六条 仓库应当确定一名主要领导人为防火负责人,全面负责仓库的消防安全管理工作。

第七条 仓库防火负责人负有下列职责:

一、组织学习贯彻消防法规,完成上级部署的消防工作;

二、组织制定电源、火源、易燃易爆物品的安全管理和值班巡逻等制度,落实逐级防火责任制和岗位防火责任制;

三、组织对职工进行消防宣传、业务培训和考核,提高职工的安全素质;

四、组织开展防火检查,消除火险隐患;

五、领导专职、义务消防队组织和专职、兼职消防人员,制定灭火应急方案,组织扑救火灾;

六、定期总结消防安全工作,实施奖惩。

第八条 国家储备库、专业仓库应当配备专职消防干部;其他仓库可以根据需要配备专职或兼职消防人员。

第九条 国家储备库、专业仓库和火灾危险性大、距公安消防队较远的其他大型仓库,应当按照有关规定建立专职消防队。

第十条 各类仓库都应当建立义务消防组织,定期进行业务培训,开展自防自救工作。

第十一条 仓库防火负责人的确定和变动,应当向当地公安消防监督机构备案;专职消防干部、人员和专职消防队长的配备与更换,应当征求当地公安消防监督机构的意见。

第十二条 仓库保管员应当熟悉储存物品的分类、性质、保管业务知识和防火安全制度,掌握消防器材的操作使用和维护保养方法,做好本岗位的防火工作。

第十三条 对仓库新职工应当进行仓储业务和消防知识的培训,经考试合格,方可上岗作业。

第十四条 仓库严格执行夜间值班、巡逻制度,带班人员应当认真检查,督促落实。

第三章 储存管理

第十五条 依据国家《建筑设计防火规范》的规定,按照仓库储存物品的火灾危险程度分为甲、乙、丙、丁、戊五类(详见附表)。

第十六条 露天存放物品应当分类、分堆、分组和分垛,并留出必要的防火间距。堆场的总储量以及与建筑物等之间的防火距离,必须符合建筑设计防火规范的规定。

第十七条 甲、乙类桶装液体,不宜露天存放。必须露天存放时,在炎热季节必须采取降温措施。

第十八条 库存物品应当分类、分垛储存,每垛占地面积不宜大于一百平方米,垛与垛间距不小于一米,垛与墙间距不小于零点五米,垛与梁、柱间距不小于零点三米,主要通道的宽度不小于二米。

第十九条 甲、乙类物品和一般物品以及容易相互发生化学反应或者灭火方法不同的物品,必须分间、分库储存,并在醒目处标明储存物品的名称、性质和灭火方法。

第二十条 易自燃或者遇水分解的物品,必须在温度较低、通风良好和空气干燥的场所储存,并安装专用仪器定时检测,严格控制湿度与温度。

第二十一条 物品入库前应当有专人负责检查,确定无火种等隐患后,方准入库。

第二十二条 甲、乙类物品的包装容器应当牢固、密封,发现破损、残缺,变形和物品变质、分解等情况时,应当及时进行安全处理,严防跑、冒、滴、漏。

第二十三条 使用过的油棉纱、油手套等沾油纤维物品以及可燃包装,应当存放在安全地点,定期处理。

第二十四条 库房内因物品防冻必须采暖时,应当采用水暖,其散热器、供暖管道与储存物品的距离不小于零点三米。

第二十五条 甲、乙类物品库房内不准设办公室、休息室。其他库房必需设办公室时,可以贴邻库房一角设置无孔洞的一、二级耐火等级的建筑,其门窗直通库外,具体实施,应征得当地公安消防监督机构的同意。

第二十六条 储存甲、乙、丙类物品的库房布局、储存类别不得擅自改变。如确需改变的,应当报经当地公安消防监督机构同意。

第四章 装卸管理

第二十七条 进入库区的所有机动车辆,必须安装防火罩。

第二十八条 蒸汽机车驶入库区时,应当关闭灰箱和送风器,并不得在库区清炉。仓库应当派专人负责监护。

第二十九条 汽车、拖拉机不准进入甲、乙、丙类物品库房。

第三十条 进入甲、乙类物品库房的电瓶车、铲车必须是防爆型的;进入丙类物品库房的电瓶车、铲车,必须装有防止火花溅出的安全装置。

第三十一条 各种机动车辆装卸物品后,不准在库区、库房、货场内停放和修理。

第三十二条 库区内不得搭建临时建筑和构筑物。因装卸作业确需搭建时,必须经单位防火负责人批准,装卸作业结束后立即拆除。

第三十三条 装卸甲、乙类物品时,操作人员不得穿戴易产生静电的工作服、帽和使用易产生火花的工具,严防震动、撞击、重压、摩擦和倒置。对易产生静电的装卸设备要采取消除静电的措施。

第三十四条 库房内固定的吊装设备需要维修时，应当采取防火安全措施，经防火负责人批准后，方可进行。

第三十五条 装卸作业结束后，应当对库区、库房进行检查，确认安全后，方可离人。

第五章 电器管理

第三十六条 仓库的电气装置必须符合国家现行的有关电气设计和施工安装验收标准规范的规定。

第三十七条 甲、乙类物品库房和丙类液体库房的电气装置，必须符合国家现行的有关爆炸危险场所的电气安全规定。

第三十八条 储存丙类固体物品的库房，不准使用碘钨灯和超过六十瓦以上的白炽灯等高温照明灯具。当使用日光灯等低温照明灯具和其他防燃型照明灯具时，应当对镇流器采取隔热、散热等防火保护措施，确保安全。

第三十九条 库房内不准设置移动式照明灯具。照明灯具下方不准堆放物品，其垂直下方与储存物品水平间距离不得小于零点五米。

第四十条 库房内敷设的配电线路，需穿金属管或用非燃硬塑料管保护。

第四十一条 库区的每个库房应当在库房外单独安装开关箱，保管人员离库时，必须拉闸断电。禁止使用不合规格的保险装置。

第四十二条 库房内不准使用电炉、电烙铁、电熨斗等电热器具和电视机、电冰箱等家用电器。

第四十三条 仓库电器设备的周围和架空线路的下方严禁堆放物品。对提升、码垛等机械设备易产生火花的部位，要设置防护罩。

第四十四条 仓库必须按照国家有关防雷设计安装规范的规定，设置防雷装置，并定期检测，保证有效。

第四十五条 仓库的电器设备，必须由持合格证的电工进行安装、检查和维修保养。电工应当严格遵守各项电器操作规程。

第六章 火源管理

第四十六条 仓库应当设置醒目的防火标志。进入甲、乙类物品库区的人员，必须登记，并交出携带的火种。

第四十七条 库房内严禁使用明火。库房外动用明火作业时，必须办理动火证，经仓库或单位防火负责人批准，并采取严格的安全措施。动火证应当注明动火地点、时间、动火人、现场监护人、批准人和防火措施等内容。

第四十八条 库房内不准使用火炉取暖。在库区使用时，应当经防火负责人批准。

第四十九条 防火负责人在审批火炉的使用地点时，必须根据储存物品的分类，按照有关防火间距的规定审批，并制定防火安全管理制度，落实到人。

第五十条 库区以及周围五十米内，严禁燃放烟花爆竹。

第七章 消防设施和器材管理

第五十一条 仓库内应当按照国家有关消防技术规范，设置、配备消防设施和器材。

第五十二条 消防器材应当设置在明显和便于取用的地点，周围不准堆放物品和杂物。

第五十三条 仓库的消防设施、器材，应当由专人管理，负责检查、维修、保养、更换和添置，保证完好有效，严禁圈占、埋压和挪用。

第五十四条 甲、乙、丙类物品国家储备库、专业性仓库以及其他大型物资仓库，应当按照国家有关技术规范的规定安装相应的报警装置，附近有公安消防队的宜设置与其直通的报警电话。

第五十五条 对消防水池、消火栓、灭火器等消防设施、器材，应当经常进行检查，保持完整好用。地处寒区的仓库，寒冷季节要采取防冻措施。

第五十六条 库区的消防车道和仓库的安全出口、疏散楼梯等消防通道，严禁堆放物品。

第八章 奖　　惩

第五十七条 仓库消防工作成绩显著的单位和个人，由公安机关、上级主管部门或者本单位给予表彰、奖励。

第五十八条 对违反本规则的单位和人员，国家法规有规定的，应当按照国家法规予以处罚；国家法规没有规定的，可以按照地方有关法规、规章进行处罚；触犯刑律的，由司法机关追究刑事责任。

第九章 附　　则

第五十九条 储存丁、戊类物品的库房或露天堆栈、货场，执行本规则时，在确保安全并征得当地公安消防监督机构同意的情况下，可以适当放宽。

第六十条 铁路车站、交通港口码头等昼夜作业的中转性仓库，可以按照本规则的原则要求，由铁路、交通等部门自行制定管理办法。

第六十一条 各省、自治区、直辖市和国务院有关部、委根据本规则制订的具体管理办法，应当送公安部备案。

第六十二条 本规则自发布之日起施行。1980 年 8 月 1 日经国务院批准、同年 8 月 15 日公安部公布施行的《仓库防火安全管理规则》即行废止。

附表:仓库存储物品分类表(略)

公共娱乐场所消防安全管理规定

1999 年 5 月 25 日公安部令第 39 号发布施行

第一条 为了预防火灾,保障公共安全,依据《中华人民共和国消防法》制定本规定。

第二条 本规定所称公共娱乐场所,是指向公众开放的下列室内场所:

(一)影剧院、录像厅、礼堂等演出、放映场所;

(二)舞厅、卡拉 OK 厅等歌舞娱乐场所;

(三)具有娱乐功能的夜总会、音乐茶座和餐饮场所;

(四)游艺、游乐场所;

(五)保龄球馆、旱冰场、桑拿浴室等营业性健身、休闲场所。

第三条 公共娱乐场所应当在法定代表人或者主要负责人中确定一名本单位的消防安全责任人。在消防安全责任人确定或者变更时,应当向当地公安消防机构备案。

消防安全责任人应当依照《消防法》第十四条和第十六条规定履行消防安全职责,负责检查和落实本单位防火措施、灭火预案的制定和演练以及建筑消防设施、消防通道、电源和火源管理等。

公共娱乐场所的房产所有者在与其他单位、个人发生租赁、承包等关系后，公共娱乐场所的消防安全由经营者负责。

第四条 新建、改建、扩建公共娱乐场所或者变更公共娱乐场所内部装修的，其消防设计应当符合国家有关建筑消防技术标准的规定。

第五条 新建、改建、扩建公共娱乐场所或者变更公共娱乐场所内部装修的，建设或者经营单位应当依法将消防设计图纸报送当地公安消防机构审核，经审核同意方可施工；工程竣工时，必须经公安消防机构进行消防验收；未经验收或者经验收不合格的，不得投入使用。

第六条 公众聚集的娱乐场所在使用或者开业前，必须具备消防安全条件，依法向当地公安消防机构申报检查，经消防安全检查合格后，发给《消防安全检查意见书》，方可使用或者开业。

第七条 公共娱乐场所宜设置在耐火等级不低于二级的建筑物内；已经核准设置在三级耐火等级建筑内的公共娱乐场所，应当符合特定的防火安全要求。

公共娱乐场所不得设置在文物古建筑和博物馆、图书馆建筑内，不得毗连重要仓库或者危险物品仓库；不得在居民住宅楼内改建公共娱乐场所。

公共娱乐场所与其他建筑相毗连或者附设在其他建筑物内时，应当按照独立的防火分区设置；商住楼内的公共娱乐场所与居民住宅的安全出口应当分开设置。

第八条 公共娱乐场所的内部装修设计和施工，应当符合《建筑内部装修设计防火规范》和有关建筑内部装饰装修防火管理的规定。

第九条 公共娱乐场所的安全出口数目、疏散宽度和距离，应当符合国家有关建筑设计防火规范的规定。

安全出口处不得设置门槛、台阶,疏散门应向外开启,不得采用卷帘门、转门、吊门和侧拉门,门口不得设置门帘、屏风等影响疏散的遮挡物。

公共娱乐场所在营业时必须确保安全出口和疏散通道畅通无阻,严禁将安全出口上锁、阻塞。

第十条 安全出口、疏散通道和楼梯口应当设置符合标准的灯光疏散指示标志。指示标志应当设在门的顶部、疏散通道和转角处距地面一米以下的墙面上。设在走道上的指示标志的间距不得大于二十米。

第十一条 公共娱乐场所内应当设置火灾事故应急照明灯,照明供电时间不得少于二十分钟。

第十二条 公共娱乐场所必须加强电气防火安全管理,及时消除火灾隐患。不得超负荷用电,不得擅自拉接临时电线。

第十三条 在地下建筑内设置公共娱乐场所,除符合本规定其他条款的要求外,还应当符合下列规定:

(一)只允许设在地下一层;

(二)通往地面的安全出口不应少于二个,安全出口、楼梯和走道的宽度应当符合有关建筑设计防火规范的规定;

(三)应当设置机械防烟排烟设施;

(四)应当设置火灾自动报警系统和自动喷水灭火系统;

(五)严禁使用液化石油气。

第十四条 公共娱乐场所内严禁带入和存放易燃易爆物品。

第十五条 严禁在公共娱乐场所营业时进行设备检修、电气焊、油漆粉刷等施工、维修作业。

第十六条 演出、放映场所的观众厅内禁止吸烟和明火照明。

第十七条 公共娱乐场所在营业时,不得超过额定人数。

第十八条 卡拉 OK 厅及其包房内,应当设置声音或者视像警报，保证在火灾发生初期，将各卡拉 OK 房间的画面、音响消除，播送火灾警报，引导人们安全疏散。

第十九条 公共娱乐场所应当制定防火安全管理制度，制定紧急安全疏散方案。在营业时间和营业结束后，应当指定专人进行安全巡视检查。

第二十条 公共娱乐场所应当建立全员防火安全责任制度，全体员工都应当熟知必要的消防安全知识，会报火警，会使用灭火器材，会组织人员疏散。新职工上岗前必须进行消防安全培训。

第二十一条 公共娱乐场所应当按照《建筑灭火器配置设计规范》配置灭火器材，设置报警电话，保证消防设施、设备完好有效。

第二十二条 对违反本规定的行为，依照《中华人民共和国消防法》和地方性消防法规、规章予以处罚；构成犯罪的，依法追究刑事责任。

第二十三条 本规定自发布之日起施行。1995 年 1 月 26 日公安部发布的《公共娱乐场所消防安全管理规定》同时废止。

托育机构消防安全指南（试行）

1. 2022 年 1 月 14 日国家卫生健康委办公厅、应急管理部办公厅发布
2. 国卫办人口函〔2022〕21 号

本指南中的托育机构，是指为 3 岁以下婴幼儿提供全日托、半日托、计时托、临时托等托育服务的机构。为规范托育机构消防安全工作，提升消防安全管理水平，制定如下指南。

一、消防安全基本条件

（一）托育机构不得设置在四层及四层以上、地下或半地下，具体设置楼层应符合《建筑设计防火规范》（GB 50016）的有关规定。

（二）托育机构不得设置在"三合一"场所（住宿与生产、储存、经营合用场所）和彩钢板建筑内，不得与生产、储存、经营易燃易爆危险品场所设置在同一建筑物内。

（三）托育机构与所在建筑内其他功能场所应采取有效的防火分隔措施，当需要局部连通时，墙上开设的门、窗应采用乙级防火门、窗。托育机构与办公经营场所组合设置时，其疏散楼梯应与办公经营场所采取有效的防火分隔措施。

（四）托育机构楼梯的设置形式、数量、宽度等设置要求应符合《建筑设计防火规范》（GB 50016）的有关规定。疏散楼梯的梯段和平台均应采用不燃材料制作。托育机构设置在高层建筑内时，应设置独立的安全出口和疏散楼梯。托育机构中建筑面积大于50平方米的房间，其疏散门数量不应少于2个。

（五）托育机构室内装修材料应符合《建筑内部装修设计防火规范》（GB 50222）的有关规定，不得采用易燃可燃装修材料。为防止婴幼儿摔伤、碰伤，确需少量使用易燃可燃材料时，应与电源插座、电气线路、用电设备等保持一定的安全距离。

（六）托育机构应按照国家标准、行业标准设置消防设施、器材。大中型托育机构（参照《托儿所、幼儿园建筑设计规范》JGJ 39的有关规定）应按标准设置自动喷水灭火系统和火灾自动报警系统（可不安装声光报警装置）；其他托育机构应安装具有联网报警功能的独立式火灾探测报警器，有条件的可安装简易喷淋设施。建筑面积50平方米以上的房间、建筑长度大于20米的疏散走道应具备自然排烟条件或设置机械排烟设施。

托育机构应设置满足照度要求的应急照明灯和灯光疏散指示标志。托育机构每50平方米配置1具5Kg以上ABC类干粉灭火器或2具6L水基型灭火器,且每个设置点不少于2具。

（七）托育机构使用燃气的厨房应配备可燃气体浓度报警装置、燃气紧急切断装置以及灭火器、灭火毯等灭火器材,并与其他区域采取防火隔墙和防火门等有效的防火分隔措施。

（八）托育机构应根据托育从业人员、婴幼儿的数量,配备简易防毒面具并放置在便于紧急取用的位置,满足安全疏散逃生需要。托育从业人员应经过消防安全培训,具备协助婴幼儿疏散逃生的能力。婴幼儿休息床铺设置应便于安全疏散。

（九）托育机构应安装24小时可视监控设备或可视监控系统,图像应能在值班室、所在建筑消防控制室等场所实时显示,视频图像信息保存期限不应少于30天。

（十）托育机构电气线路、燃气管路的设计、敷设应由具备电气设计施工资质、燃气设计施工资质的机构或人员实施,应采用合格的电气设备、电气线路和燃气灶具、阀门、管线。

二、消防安全管理

（十一）托育机构应落实全员消防安全责任制。法定代表人、主要负责人或实际控制人是本单位的消防安全第一责任人,消防安全管理人应负责具体落实消防安全职责。托育从业人员应落实本岗位的消防安全责任。托育机构与租赁场所的业主方、物业方在租赁协议中应明确各自的消防安全责任。

（十二）托育机构应制定安全用火用电用气、防火检查巡查、火灾隐患整改、消防培训演练等消防安全管理制度。

（十三）托育机构应严格落实防火巡查、检查要求,及时发现并纠正违规用火用电用气和锁闭安全出口等行为,对检查发现的火灾隐患,应及时予以整改。

（十四）托育机构应定期开展消防安全培训，从业人员培训合格后方可上岗，上岗后每半年至少接受一次消防安全培训，尤其是加强协助婴幼儿疏散逃生技能的培训。

（十五）托育机构应定期检验维修消防设施，至少每年开展一次全面检测，确保消防设施完好有效，不得遮挡、损坏、挪用消防设施器材。

三、用火用电用气安全管理

（十六）托育机构不得使用蜡烛、蚊香、火炉等明火，禁止吸烟，并设置明显的禁止标志。

（十七）设在高层建筑内的托育机构厨房不得使用瓶装液化气，每季度应清洗排油烟罩、油烟管道。

（十八）托育机构的电气线路应穿管保护，电气线路接头应采用接线端子连接，不得采用铰接等方式连接。不得采用延长线插座串接方式取电。

（十九）托育机构不得私拉乱接电线，不得将电气线路、插座、电气设备直接敷设在易燃可燃材料制作的儿童游乐设施、室内装饰物等内部及表面。

（二十）托育机构内大功率电热汀取暖器、暖风机、对流式电暖气、电热膜等取暖设备的配电回路，应设置与线路安全载流量匹配的短路、过载保护装置。

（二十一）托育机构内冰箱、冷柜、空调以及加湿器、通风装置等长时间通电设备，应落实有效的安全检查、防护措施。

（二十二）电动自行车、电动平衡车及其蓄电池不得在托育机构的托育场所、楼梯间、走道、安全出口违规停放、充电；具有蓄电功能的儿童游乐设施，不得在托育工作期间充电。

四、易燃可燃物安全管理

（二十三）托育机构的房间、走道、墙面、顶棚不得违规采用泡沫、海绵、毛毯、木板、彩钢板等易燃可燃材料装饰装修。

（二十四）托育机构不得大量采用易燃可燃物挂件、塑料仿真树木、海洋球、氢气球等各类装饰造型物。

（二十五）除日常用量的消毒酒精、空气清新剂外，托育机构不得存放汽油、烟花爆竹等易燃易爆危险品。

（二十六）托育机构应定期清理废弃的易燃可燃杂物。

五、安全疏散管理

（二十七）托育机构应保持疏散楼梯畅通，不得锁闭、占用、堵塞、封闭安全出口、疏散通道。疏散门应采用向疏散方向开启的平开门，不得采用推拉门、卷帘门、吊门、转门和折叠门。

（二十八）托育机构的常闭式防火门应处于常闭状态，并设明显的提示标识。设门禁装置的疏散门应当安装紧急开启装置。

（二十九）托育机构疏散通道顶棚、墙面不得设置影响疏散的凸出装饰物，不得采用镜面反光材料等影响人员疏散。

（三十）托育机构不得在门窗上设置影响逃生和灭火救援的铁栅栏等障碍物，必须设置时应保证火灾情况下能及时开启。

六、应急处置管理

（三十一）托育机构应制定灭火和应急疏散预案，针对婴幼儿疏散应有专门的应急预案和实施方法，明确托育从业人员协助婴幼儿应急疏散的岗位职责。

（三十二）托育机构应每半年至少组织开展一次全员消防演练，尤其是要针对婴幼儿没有自主疏散能力的特点，加强应急疏散演练。

（三十三）托育机构应与所在建筑的消防控制室、志愿消防队或微型消防站建立联勤联动机制，建立可靠的应急通讯联络方式,并每年开展联合消防演练。

（三十四）托育机构的从业人员应掌握简易防毒面具和室内消火栓、消防软管卷盘、灭火器、灭火毯的操作使用方法,知晓"119"火警报警方法程序,具备初起火灾扑救和组织应急疏散逃生的能力。

（三十五）婴幼儿休息期间,托育机构应明确2名以上人员专门负责值班看护,确保发生火灾事故时能够快速处置、及时疏散。

校外培训机构消防安全管理九项规定

1. 2022年5月17日教育部办公厅、应急管理部办公厅发布
2. 教监管厅函〔2022〕9号

一、落实消防安全主体责任

（一）校外培训机构法定代表人或主要负责人或实际控制人是本单位的消防安全责任人,全面负责本单位消防安全管理工作。校外培训机构应当落实消防安全职责,配备专兼职消防安全管理人员,自主购置合格的消防装备器材,组织开展检查巡查、隐患整改、设施维护、宣传教育、疏散演练等工作。

（二）全面落实火灾隐患"自知、自查、自改"制度,在公共区域明显位置应张贴《消防安全承诺书》,向社会公开承诺,接受群众监督。

（三）实行承包、租赁或者委托经营、管理的校外培训机构,在与产权单位签订相关租赁合同时,应依照有关规定明确各方的消防安全责任。

二、规范场所消防安全设置

（一）校外培训机构应当遵守国家消防法律法规，执行标准规范。

（二）校外培训机构应当依法审批登记，设置在符合安全条件的固定场所。面向儿童的校外培训机构的设置场所应当符合现行国家标准《建筑设计防火规范》（GB 50016）。培训场所同一培训时段内生均培训用房建筑面积不少于3平方米，确保不拥挤、易疏散。按国家标准、行业标准设置消防安全标志，在醒目位置张贴消防安全宣传图示。

（三）原则上不设置集体宿舍；确需设置时，应当设置在独立建筑内，且不得设置在地下和半地下建筑内。每室居住人数最多不得超过6人，人均使用面积不应小于5平方米。

（四）设有厨房的，应与其他部位进行防火分隔。

三、严格火灾危险源管理

（一）应当使用合格且符合国家标准的电气设备。电气线路应穿管保护，并敷设在难燃或不燃材料上。

（二）厨房内使用管道燃气作为燃料时，应当符合燃气管理使用规定，并安装燃气泄漏报警装置。厨房油烟机应当每日清洗，油烟道至少每季度由专业公司清理一次并做好记录。

（三）培训时段内，不得动火动焊作业以及在建筑外部动火作业；其他时段动火动焊应当履行审批流程，并落实防护措施，安排专人监管看护。

（四）开展物理、化学等特色培训的，应当严格遵守化学药剂操作使用有关规程。

四、严格消防安全疏散条件

（一）安全疏散门应当向疏散方向开启，不得使用转门、卷帘门、推拉门、折叠门和设置金属栅栏。

（二）安全出口、楼梯间、疏散走道应当设置疏散照明灯具和保持视觉连续性的灯光疏散指示标志。

（三）每间培训室、集体宿舍应当配备不少于2个应急手电，及与培训学员人数相当的过滤式消防自救呼吸器，并在明显部位张贴疏散示意图。三层及以上楼层宜配备逃生绳等避难自救器材。

（四）集体宿舍中两个单床长边之间的距离不能小于0.6米，两排床或床与墙之间的走道宽度不应小于1.2米。

五、加强日常防火检查巡查

（一）每月及寒暑假、新班开课前至少组织1次防火检查。培训期间，每2小时开展不少于1次的防火巡查。重点检查电气线路、燃气管道、安全出口、消防设施运行和维护保养情况以及电器使用管理等情况。

（二）对检查巡查发现的问题应当场整改。不能立即整改的，应当及时上报消防安全责任人或管理人，落实人防、物防、技防措施，确保整改期间的安全。

（三）防火巡查检查应当填写检查记录，建立消防安全隐患台账，实行“报告、登记、整改、销号”闭环管理，并由具体实施人员签名存档备查。

六、加强培训期间值班值守

（一）设有消防控制室的，控制室值班人员应当持有消防行业特有工种职业资格证书，落实24小时专人值班，且每班不少于2人。

（二）设有集体宿舍的，应当加强夜间巡查，每2小时开展不少于1次。

（三）有儿童参加培训的，现场至少明确1名工作人员全程在岗值守。

七、加强消防设施器材管理

（一）严格标准配置灭火器等消防设施器材，并在消防设施器材上设置醒目的标识，标明使用方法。

（二）场所内未设置自动消防设施的，应当设置具有集中平台或移动终端报警功能的独立式感烟火灾探测报警器，有条件的应当设置简易自动喷水灭火系统。

（三）建筑消防设施、器材应当委托具有相应资质的消防技术服务机构进行定期维护保养，每年至少全面检测1次，确保完好有效。

八、加强宣传教育培训演练

（一）制定灭火和应急疏散预案，明确每班次、各岗位工作人员报警、疏散、扑救初起火灾的职责。有条件的应当建立微型消防站或志愿消防队，提高自防自救能力。

（二）每季度组织全体工作人员开展不少于1次初起火灾扑救和疏散逃生演练。每半年或新班开课前组织对学生至少开展1次消防安全培训和应急疏散演练。

（三）主动向属地居（村）委会、物业服务企业报备所在位置、人数等基本信息，与周边微型消防站、志愿消防队建立互联互通机制，及时处置初起火灾。

（四）发生火灾时，应当第一时间组织人员疏散。

九、严禁下列行为

（一）严禁使用彩钢板建筑，以及在投入使用后擅自搭建、改建、扩建。

（二）严禁在外窗、阳台、安全出口等部位设置影响逃生、灭火救援的铁栅栏、广告牌或门禁等障碍物。

（三）严禁擅自停用、关闭、遮挡消防设施设备，埋压、圈占消火栓，破坏防火分隔，锁闭、堵塞、占用安全出口和消防通道。

（四）严禁私拉乱接电线，在电气线路上搭、挂物品，超负荷用电或者改变保险装置，空调等大功率用电设备外部电源线采用移动式插座连接，使用电烤炉、红外辐射取暖器、电热毯等电热器具。

（五）严禁在培训场所内及公共门厅、疏散走道、楼梯间、安全出口处违规停放电动自行车或充电。

（六）严禁在培训场所内吸烟，使用明火取暖、照明、驱蚊，违规存放、使用易燃易爆危险品。

本规定所称校外培训机构，主要是指设置在中小学校以外的，面向中小学生以及3至6岁学龄前儿童举办的非学历教育培训机构。

大型群众性活动安全管理条例（节录）

1. 2007年9月14日国务院令第505号公布
2. 自2007年10月1日起施行

第六条 举办大型群众性活动，承办者应当制订大型群众性活动安全工作方案。

大型群众性活动安全工作方案包括下列内容：

（一）活动的时间、地点、内容及组织方式；

（二）安全工作人员的数量、任务分配和识别标志；

（三）活动场所消防安全措施；

（四）活动场所可容纳的人员数量以及活动预计参加人数；

（五）治安缓冲区域的设定及其标识；

（六）入场人员的票证查验和安全检查措施；

（七）车辆停放、疏导措施；

（八）现场秩序维护、人员疏导措施；

（九）应急救援预案。

第七条 承办者具体负责下列安全事项：

（一）落实大型群众性活动安全工作方案和安全责任制度，明确安全措施、安全工作人员岗位职责，开展大型群众性活动安全宣传教育；

（二）保障临时搭建的设施、建筑物的安全，消除安全隐患；

（三）按照负责许可的公安机关的要求，配备必要的安全检查设备，对参加大型群众性活动的人员进行安全检查，对拒不接受安全检查的，承办者有权拒绝其进入；

（四）按照核准的活动场所容纳人员数量、划定的区域发放或者出售门票；

（五）落实医疗救护、灭火、应急疏散等应急救援措施并组织演练；

（六）对妨碍大型群众性活动安全的行为及时予以制止，发现违法犯罪行为及时向公安机关报告；

（七）配备与大型群众性活动安全工作需要相适应的专业保安人员以及其他安全工作人员；

（八）为大型群众性活动的安全工作提供必要的保障。

第八条 大型群众性活动的场所管理者具体负责下列安全事项：

（一）保障活动场所、设施符合国家安全标准和安全规定；

（二）保障疏散通道、安全出口、消防车通道、应急广播、应急照明、疏散指示标志符合法律、法规、技术标准的规定；

（三）保障监控设备和消防设施、器材配置齐全、完好有效；

（四）提供必要的停车场地，并维护安全秩序。

第九条 参加大型群众性活动的人员应当遵守下列规定：

(一)遵守法律、法规和社会公德,不得妨碍社会治安、影响社会秩序;

(二)遵守大型群众性活动场所治安、消防等管理制度,接受安全检查,不得携带爆炸性、易燃性、放射性、毒害性、腐蚀性等危险物质或者非法携带枪支、弹药、管制器具;

(三)服从安全管理,不得展示侮辱性标语、条幅等物品,不得围攻裁判员、运动员或者其他工作人员,不得投掷杂物。

第十条 公安机关应当履行下列职责:

(一)审核承办者提交的大型群众性活动申请材料,实施安全许可;

(二)制订大型群众性活动安全监督方案和突发事件处置预案;

(三)指导对安全工作人员的教育培训;

(四)在大型群众性活动举办前,对活动场所组织安全检查,发现安全隐患及时责令改正;

(五)在大型群众性活动举办过程中,对安全工作的落实情况实施监督检查,发现安全隐患及时责令改正;

(六)依法查处大型群众性活动中的违法犯罪行为,处置危害公共安全的突发事件。

三、专业人员及培训

中华人民共和国消防救援衔条例

1. 2018年10月26日第十三届全国人民代表大会常务委员会第六次会议通过
2. 2018年10月26日中华人民共和国主席令第14号公布
3. 自2018年10月27日起施行

第一章　总　　则

第一条　为了加强国家综合性消防救援队伍正规化、专业化、职业化建设,增强消防救援人员的责任感、荣誉感和组织纪律性,有利于国家综合性消防救援队伍的指挥、管理和依法履行职责,根据宪法,制定本条例。

第二条　国家综合性消防救援队伍实行消防救援衔制度。

消防救援衔授予对象为纳入国家行政编制、由国务院应急管理部门统一领导管理的综合性消防救援队伍在职人员。

第三条　消防救援衔是表明消防救援人员身份、区分消防救援人员等级的称号和标志,是国家给予消防救援人员的荣誉和相应待遇的依据。

第四条　消防救援衔高的人员对消防救援衔低的人员,消防救援衔高的为上级。消防救援衔高的人员在职务上隶属于消防救援衔低的人员时,担任领导职务或者领导职务高的为上级。

第五条 国务院应急管理部门主管消防救援衔工作。

第二章 消防救援衔等级的设置

第六条 消防救援衔按照管理指挥人员、专业技术人员和消防员分别设置。

第七条 管理指挥人员消防救援衔设下列三等十一级:

(一)总监、副总监、助理总监;

(二)指挥长:高级指挥长、一级指挥长、二级指挥长、三级指挥长;

(三)指挥员:一级指挥员、二级指挥员、三级指挥员、四级指挥员。

第八条 专业技术人员消防救援衔设下列二等八级,在消防救援衔前冠以“专业技术”:

(一)指挥长:高级指挥长、一级指挥长、二级指挥长、三级指挥长;

(二)指挥员:一级指挥员、二级指挥员、三级指挥员、四级指挥员。

第九条 消防员消防救援衔设下列三等八级:

(一)高级消防员:一级消防长、二级消防长、三级消防长;

(二)中级消防员:一级消防士、二级消防士;

(三)初级消防员:三级消防士、四级消防士、预备消防士。

第三章 消防救援衔等级的编制

第十条 管理指挥人员按照下列职务等级编制消防救援衔:

(一)国务院应急管理部门正职:总监;

(二)国务院应急管理部门消防救援队伍领导指挥机构、森林消防队伍领导指挥机构正职:副总监;

（三）国务院应急管理部门消防救援队伍领导指挥机构、森林消防队伍领导指挥机构副职：助理总监；

（四）总队级正职：高级指挥长；

（五）总队级副职：一级指挥长；

（六）支队级正职：二级指挥长；

（七）支队级副职：三级指挥长；

（八）大队级正职：一级指挥员；

（九）大队级副职：二级指挥员；

（十）站（中队）级正职：三级指挥员；

（十一）站（中队）级副职：四级指挥员。

第十一条 专业技术人员按照下列职务等级编制消防救援衔：

（一）高级专业技术职务：高级指挥长至三级指挥长；

（二）中级专业技术职务：一级指挥长至二级指挥员；

（三）初级专业技术职务：三级指挥长至四级指挥员。

第十二条 消防员按照下列工作年限编制消防救援衔：

（一）工作满二十四年的：一级消防长；

（二）工作满二十年的：二级消防长；

（三）工作满十六年的：三级消防长；

（四）工作满十二年的：一级消防士；

（五）工作满八年的：二级消防士；

（六）工作满五年的：三级消防士；

（七）工作满二年的：四级消防士；

（八）工作二年以下的：预备消防士。

第四章 消防救援衔的首次授予

第十三条 授予消防救援衔，以消防救援人员现任职务、德才表现、学历学位、任职时间和工作年限为依据。

第十四条 初任管理指挥人员、专业技术人员，按照下列规定首次授予消防救援衔：

（一）从普通高等学校毕业生中招录，取得大学专科、本科学历的，授予四级指挥员消防救援衔；取得硕士学位的研究生，授予三级指挥员消防救援衔；取得博士学位的研究生，授予一级指挥员消防救援衔；

（二）从消防员选拔任命为管理指挥人员、专业技术人员的，按照所任命的职务等级授予相应的消防救援衔；

（三）从国家机关或者其他救援队伍调入的，或者从符合条件的社会人员中招录的，按照所任命的职务等级授予相应的消防救援衔。

第十五条 初任消防员，按照下列规定首次授予消防救援衔：

（一）从高中毕业生、普通高等学校在校生或者毕业生中招录的，授予预备消防士；

（二）从退役士兵中招录的，其服役年限计入工作时间，按照本条例第十二条的规定，授予相应的消防救援衔；

（三）从其他救援队伍或者具备专业技能的社会人员中招录的，根据其从事相关专业工作时间，比照国家综合性消防救援队伍中同等条件人员，授予相应的消防救援衔。

第十六条 首次授予管理指挥人员、专业技术人员消防救援衔，按照下列规定的权限予以批准：

（一）授予总监、副总监、助理总监，由国务院总理批准；

（二）授予高级指挥长、一级指挥长、二级指挥长，由国务院应急管理部门正职领导批准；

（三）授予三级指挥长、一级指挥员，报省、自治区、直辖市人民政府应急管理部门同意后由总队级单位正职领导批准，其中森林消防队伍人员由国务院应急管理部门森林消防队伍领导指挥机构正职领导批准；

（四）授予二级指挥员、三级指挥员、四级指挥员，由总队级单位正职领导批准。

第十七条 首次授予消防员消防救援衔，按照下列规定的权限予以批准：

（一）授予一级消防长、二级消防长、三级消防长，由国务院应急管理部门消防救援队伍领导指挥机构、森林消防队伍领导指挥机构正职领导批准；

（二）授予一级消防士、二级消防士、三级消防士、四级消防士、预备消防士，由总队级单位正职领导批准。

第五章 消防救援衔的晋级

第十八条 消防救援衔一般根据职务等级调整情况或者工作年限逐级晋升。

消防救援人员晋升上一级消防救援衔，应当胜任本职工作，遵纪守法，廉洁奉公，作风正派。

消防救援人员经培训合格后，方可晋升上一级消防救援衔。

第十九条 管理指挥人员、专业技术人员的消防救援衔晋升，一般与其职务等级晋升一致。

消防员的消防救援衔晋升，按照本条例第十二条的规定执行。通过全国普通高等学校招生统一考试、取得全日制大学专科以上学历的消防员晋升消防救援衔，其按照规定学制在普通高等学校学习的时间视同工作时间，但不计入工龄。

第二十条 管理指挥人员、专业技术人员消防救援衔晋升，按照下列规定的权限予以批准：

（一）晋升为总监、副总监、助理总监，由国务院总理批准；

（二）晋升为高级指挥长、一级指挥长，由国务院应急管理部门正职领导批准；

（三）晋升为二级指挥长，报省、自治区、直辖市人民政府应急管理部门同意后由总队级单位正职领导批准，其中森林消防队伍人员由国务院应急管理部门森林消防队伍领导指挥机构正职领导批准；

（四）晋升为三级指挥长、一级指挥员，由总队级单位正职领导批准；

（五）晋升为二级指挥员、三级指挥员，由支队级单位正职领导批准。

第二十一条 消防员消防救援衔晋升，按照下列规定的权限予以批准：

（一）晋升为一级消防长、二级消防长、三级消防长，由国务院应急管理部门消防救援队伍领导指挥机构、森林消防队伍领导指挥机构正职领导批准；

（二）晋升为一级消防士、二级消防士，由总队级单位正职领导批准；

（三）晋升为三级消防士、四级消防士，由支队级单位正职领导批准。

第二十二条 消防救援人员在消防救援工作中做出重大贡献、德才表现突出的，其消防救援衔可以提前晋升。

第六章 消防救援衔的保留、降级和取消

第二十三条 消防救援人员退休后，其消防救援衔予以保留。

消防救援人员按照国家规定退出消防救援队伍，或者调离、辞职、被辞退的，其消防救援衔不予保留。

第二十四条 消防救援人员因不胜任现任职务被调任下级职务

的，其消防救援衔应当调整至相应衔级，调整的批准权限与原衔级的批准权限相同。

第二十五条 消防救援人员受到降级、撤职处分的，应当相应降低消防救援衔，降级的批准权限与原衔级的批准权限相同。

消防救援衔降级不适用于四级指挥员和预备消防士。

第二十六条 消防救援人员受到开除处分的，以及因犯罪被依法判处剥夺政治权利或者有期徒刑以上刑罚的，其消防救援衔相应取消。

消防救援人员退休后犯罪的，适用前款规定。

第七章 附 则

第二十七条 消防救援衔标志式样和佩带办法，由国务院制定。

第二十八条 本条例自2018年10月27日起施行。

中华人民共和国消防救援衔标志式样和佩带办法

2018年11月6日国务院令第705号公布施行

第一条 根据《中华人民共和国消防救援衔条例》的规定，制定本办法。

第二条 消防救援人员佩带的消防救援衔标志必须与所授予的消防救援衔相符。

第三条 消防救援人员的消防救援衔标志：总监、副总监、助理总监衔标志由金黄色橄榄枝环绕金黄色徽标组成，徽标由五角星、雄鹰翅膀、消防斧和消防水带构成；指挥长、指挥员衔标志由金黄色横杠和金黄色六角星花组成;高级消防员、中级消防员和初级消防员中的三级消防士、四级消防士衔标志由金黄色横杠和金黄色徽标组成,徽标由交叉斧头、水枪、紧握手腕和雄鹰翅膀构成,预备消防士衔标志为金黄色横杠。

第四条 消防救援衔标志佩带在肩章和领章上,肩章分为硬肩章、软肩章和套式肩章,硬肩章、软肩章为剑形,套式肩章、领章为四边形;肩章、领章版面为深火焰蓝色。消防救援人员着春秋常服、冬常服和常服大衣时,佩带硬肩章;着夏常服、棉大衣和作训大衣时,管理指挥人员、专业技术人员佩带软肩章,消防员佩带套式肩章;着作训服时,佩带领章。

第五条 总监衔标志缀钉一枚橄榄枝环绕一周徽标,副总监衔标志缀钉一枚橄榄枝环绕多半周徽标,助理总监衔标志缀钉一枚橄榄枝环绕小半周徽标。

指挥长衔标志缀钉二道粗横杠,高级指挥长衔标志缀钉四枚六角星花,一级指挥长衔标志缀钉三枚六角星花,二级指挥长衔标志缀钉二枚六角星花,三级指挥长衔标志缀钉一枚六角星花。

指挥员衔标志缀钉一道粗横杠,一级指挥员衔标志缀钉四枚六角星花,二级指挥员衔标志缀钉三枚六角星花,三级指挥员衔标志缀钉二枚六角星花,四级指挥员衔标志缀钉一枚六角星花。

高级消防员衔标志缀钉一枚徽标,一级消防长衔标志缀钉三粗一细四道横杠,二级消防长衔标志缀钉三道粗横杠,三级消防长衔标志缀钉二粗一细三道横杠。

中级消防员衔标志缀钉一枚徽标,一级消防士衔标志缀钉二道粗横杠,二级消防士衔标志缀钉一粗一细二道横杠。

初级消防员衔标志中,三级消防士衔标志缀钉一枚徽标和一道粗横杠，四级消防士衔标志缀钉一枚徽标和一道细横杠，预备消防士衔标志缀钉一道加粗横杠。

第六条 消防救援人员晋升或者降低消防救援衔时，由批准机关更换其消防救援衔标志；取消消防救援衔的，由批准机关收回其消防救援衔标志。

第七条 消防救援人员的消防救援衔标志由国务院应急管理部门负责制作和管理。其他单位和个人不得制作、仿造、伪造、变造和买卖、使用消防救援衔标志，也不得使用与消防救援衔标志相类似的标志。

第八条 本办法自公布之日起施行。

附图：消防救援衔标志式样（略）

注册消防工程师管理规定

1. 2017年3月16日公安部令第143号发布
2. 自2017年10月1日起施行

第一章 总 则

第一条 为了加强对注册消防工程师的管理，规范注册消防工程师的执业行为，保障消防安全技术服务与管理质量，根据《中华人民共和国消防法》，制定本规定。

第二条 取得注册消防工程师资格证书人员的注册、执业和继续教育及其监督管理，适用本规定。

第三条 本规定所称注册消防工程师，是指取得相应级别注册消防工程师资格证书并依法注册后，从事消防设施维护保养检测、消防安全评估和消防安全管理等工作的专业技术人员。

第四条 注册消防工程师实行注册执业管理制度。注册消防工程师分为一级注册消防工程师和二级注册消防工程师。

第五条 公安部消防局对全国注册消防工程师的注册、执业和继续教育实施指导和监督管理。

县级以上地方公安机关消防机构对本行政区域内注册消防工程师的注册、执业和继续教育实施指导和监督管理。

第六条 注册消防工程师应当严格遵守有关法律、法规和国家标准、行业标准,恪守职业道德和执业准则,增强服务意识和社会责任感,不断提高专业素质和业务水平。

第七条 鼓励依托消防协会成立注册消防工程师行业协会。注册消防工程师行业协会应当依法登记和开展活动,加强行业自律管理,规范执业行为,促进行业健康发展。

注册消防工程师行业协会不得从事营利性社会消防技术服务活动,不得通过制定行业规则或者其他方式妨碍公平竞争,损害他人利益和社会公共利益。

第二章 注 册

第八条 取得注册消防工程师资格证书的人员,必须经过注册,方能以相应级别注册消防工程师的名义执业。

未经注册,不得以注册消防工程师的名义开展执业活动。

第九条 省、自治区、直辖市公安机关消防机构(以下简称省级公安机关消防机构)是一级、二级注册消防工程师的注册审批部门。

第十条 注册消防工程师的注册分为初始注册、延续注册和变更注册。

第十一条 申请注册的人员,应当同时具备以下条件:

（一）依法取得注册消防工程师资格证书；

（二）受聘于一个消防技术服务机构或者消防安全重点单位，并担任技术负责人、项目负责人或者消防安全管理人；

（三）无本规定第二十三条所列情形。

第十二条 申请注册的人员，应当通过聘用单位向单位所在地（企业工商注册地）的省级或者地市级公安机关消防机构提交注册申请材料。

申请注册的人员，拟在消防技术服务机构的分支机构所在地开展执业活动的，应当通过该分支机构向其所在地的省级或者地市级公安机关消防机构提交注册申请材料。

第十三条 公安机关消防机构收到注册申请材料后，对申请材料齐全、符合法定形式的，应当出具受理凭证；不予受理的，应当出具不予受理凭证并载明理由。对申请材料不齐全或者不符合法定形式的，应当当场或者在五日内一次告知申请人需要补正的全部内容，逾期不告知的，自收到申请材料之日起即为受理。

地市级公安机关消防机构受理注册申请后，应当在三日内将申请材料送至省级公安机关消防机构。

第十四条 省级公安机关消防机构应当自受理之日起二十日内对申请人条件和注册申请材料进行审查并作出注册决定。在规定的期限内不能作出注册决定的，经省级公安机关消防机构负责人批准，可以延长十日，并应当将延长期限的理由告知申请人。

第十五条 省级公安机关消防机构应当自作出注册决定之日起十日内颁发相应级别的注册证、执业印章，并向社会公告；对作出不予注册决定的，应当出具不予注册决定书并载明理由。

注册消防工程师的注册证、执业印章式样由公安部消防局统一制定,省级公安机关消防机构组织制作。

第十六条 注册证、执业印章的有效期为三年,自作出注册决定之日起计算。

申请人领取一级注册消防工程师注册证、执业印章时,已经取得二级注册消防工程师注册证、执业印章的,应当同时将二级注册消防工程师注册证、执业印章交回。

第十七条 申请初始注册的,应当自取得注册消防工程师资格证书之日起一年内提出。

本规定施行前已经取得注册消防工程师资格但尚未注册的,应当在本规定施行之日起一年内提出申请。

逾期未申请初始注册的,应当参加继续教育,并在达到继续教育的要求后方可申请初始注册。

第十八条 申请初始注册应当提交下列材料:

(一)初始注册申请表;

(二)申请人身份证明材料、注册消防工程师资格证书等复印件;

(三)聘用单位消防技术服务机构资质证书副本复印件或者消防安全重点单位证明材料;

(四)与聘用单位签订的劳动合同或者聘用文件复印件,社会保险证明或者人事证明复印件。

聘用单位同时申请消防技术服务机构资质的,申请人无需提供前款第三项规定的材料。

逾期申请初始注册的,还应当提交达到继续教育要求的证明材料。

第十九条 注册有效期满需继续执业的,应当在注册有效期届满三个月前,按照本规定第十二条的规定申请延续注册,并提交下列材料:

（一）延续注册申请表；

（二）原注册证、执业印章；

（三）与聘用单位签订的劳动合同或者聘用文件复印件，社会保险证明或者人事证明复印件；

（四）符合本规定第二十九条第二款规定的执业业绩证明材料；

（五）继续教育的证明材料。

第二十条 注册消防工程师在注册有效期内发生下列情形之一的，应当按照本规定第十二条的规定申请变更注册：

（一）变更聘用单位的；

（二）聘用单位名称变更的；

（三）注册消防工程师姓名变更的。

第二十一条 申请变更注册，应当提交变更注册申请表、原注册证和执业印章，以及下列变更事项证明材料：

（一）注册消防工程师变更聘用单位的，提交新聘用单位的消防技术服务机构资质证书副本复印件或者消防安全重点单位证明材料，与新聘用单位签订的劳动合同或者聘用文件复印件，社会保险证明或者人事证明复印件，与原聘用单位解除（终止）工作关系证明；

（二）注册消防工程师聘用单位名称变更的，提交变更后的单位工商营业执照等证明文件复印件；

（三）注册消防工程师姓名变更的，提交户籍信息变更材料。

变更注册后，有效期仍延续原注册有效期。原注册有效期届满在半年以内的，可以同时提出延续注册申请；准予延续的，注册有效期重新计算。

第二十二条 注册消防工程师在申请变更注册之日起，至注册审批部门准予其变更注册之前不得执业。

第二十三条 申请人有下列情形之一的，不予注册：

（一）不具有完全民事行为能力或者年龄超过70周岁的；

（二）申请在非消防技术服务机构、非消防安全重点单位，或者两个以上消防技术服务机构、消防安全重点单位注册的；

（三）刑事处罚尚未执行完毕，或者因违法执业行为受到刑事处罚，自刑事处罚执行完毕之日起至申请注册之日止不满五年的；

（四）未达到继续教育、执业业绩要求的；

（五）因存在本规定第五十条违法行为被撤销注册，自撤销注册之日起至申请注册之日止不满三年的；

（六）因存在本规定第五十五条第二项、第五十六条、第五十七条违法执业行为之一被注销注册，自注销注册之日起至申请注册之日止不满三年的；

（七）因存在本规定第五十五条第一项、第三项违法执业行为之一被注销注册，自注销注册之日起至申请注册之日止不满一年的；

（八）因违法执业行为受到公安机关消防机构行政处罚，未履行完毕的。

第二十四条 注册消防工程师注册证、执业印章遗失的，应当及时向原注册审批部门备案。

注册消防工程师注册证或者执业印章遗失、污损需要补办、更换的，应当持聘用单位和本人共同出具的遗失说明，或者污损的原注册证、执业印章，向原注册审批部门申请补办、更换。原注册审批部门应当自受理之日起十日内办理完毕。补办、更换的注册证、执业印章有效期延续原注册有效期。

第三章 执 业

第二十五条 注册证、执业印章是注册消防工程师的执业凭证，由注册消防工程师本人保管、使用。

第二十六条 一级注册消防工程师可以在全国范围内执业；二级注册消防工程师可以在注册所在省、自治区、直辖市范围内执业。

第二十七条 一级注册消防工程师的执业范围包括：

（一）消防技术咨询与消防安全评估；

（二）消防安全管理与消防技术培训；

（三）消防设施维护保养检测（含灭火器维修）；

（四）消防安全监测与检查；

（五）火灾事故技术分析；

（六）公安部或者省级公安机关规定的其他消防安全技术工作。

第二十八条 二级注册消防工程师的执业范围包括：

（一）除100米以上公共建筑、大型的人员密集场所、大型的危险化学品单位外的火灾高危单位消防安全评估；

（二）除250米以上公共建筑、大型的危险化学品单位外的消防安全管理；

（三）单体建筑面积4万平方米以下建筑的消防设施维护保养检测（含灭火器维修）；

（四）消防安全监测与检查；

（五）公安部或者省级公安机关规定的其他消防安全技术工作。

省级公安机关消防机构应当结合实际，根据上款规定确定本地区二级注册消防工程师的具体执业范围。

第二十九条 注册消防工程师的执业范围应当与其聘用单位业务范围和本人注册级别相符合，本人的执业范围不得超越其聘用单位的业务范围。

受聘于消防技术服务机构的注册消防工程师，每个注册有效期应当至少参与完成3个消防技术服务项目；受聘于消防安全重点单位的注册消防工程师，一个年度内应当至少签署1个消防安全技术文件。

注册消防工程师的聘用单位应当加强对本单位注册消防工程师的管理，对其执业活动依法承担法律责任。

第三十条 下列消防安全技术文件应当以注册消防工程师聘用单位的名义出具，并由担任技术负责人、项目负责人或者消防安全管理人的注册消防工程师签名，加盖执业印章：

（一）消防技术咨询、消防安全评估、火灾事故技术分析等书面结论文件；

（二）消防安全重点单位年度消防工作综合报告；

（三）消防设施维护保养检测书面结论文件；

（四）灭火器维修合格证；

（五）法律、法规规定的其他消防安全技术文件。

修改经注册消防工程师签名盖章的消防安全技术文件，应当由原注册消防工程师进行；因特殊情况，原注册消防工程师不能进行修改的，应当由其他相应级别的注册消防工程师修改，并签名、加盖执业盖章，对修改部分承担相应的法律责任。

第三十一条 注册消防工程师享有下列权利：

（一）使用注册消防工程师称谓；

（二）保管和使用注册证和执业印章；

（三）在规定的范围内开展执业活动；

（四）对违反相关法律、法规和国家标准、行业标准的行为提出劝告，拒绝签署违反国家标准、行业标准的消防安全技术文件；

（五）参加继续教育；

（六）依法维护本人的合法执业权利。

第三十二条 注册消防工程师应当履行下列义务：

（一）遵守和执行法律、法规和国家标准、行业标准；

（二）接受继续教育，不断提高消防安全技术能力；

（三）保证执业活动质量，承担相应的法律责任；

（四）保守知悉的国家秘密和聘用单位的商业、技术秘密。

第三十三条 注册消防工程师不得有下列行为：

（一）同时在两个以上消防技术服务机构，或者消防安全重点单位执业；

（二）以个人名义承接执业业务、开展执业活动；

（三）在聘用单位出具的虚假、失实消防安全技术文件上签名、加盖执业印章；

（四）变造、倒卖、出租、出借，或者以其他形式转让资格证书、注册证或者执业印章；

（五）超出本人执业范围或者聘用单位业务范围开展执业活动；

（六）不按照国家标准、行业标准开展执业活动，减少执业活动项目内容、数量，或者降低执业活动质量；

（七）违反法律、法规规定的其他行为。

第四章 继续教育

第三十四条 注册消防工程师在每个注册有效期内应当达到继续教育要求。具有注册消防工程师资格证书的非注册人员，应当持续参加继续教育，并达到继续教育要求。

第三十五条 公安部消防局统一管理全国注册消防工程师的继续教育工作,组织制定一级注册消防工程师的继续教育规划和计划。

省级公安机关消防机构负责本行政区域内一级、二级注册消防工程师继续教育的组织实施和管理,组织制定二级注册消防工程师的继续教育规划和计划。省级公安机关消防机构可以委托教育培训机构实施继续教育。

第三十六条 注册消防工程师继续教育可以按照注册级别,采取集中面授、网络教学等多种形式进行。

第三十七条 对达到继续教育要求的注册消防工程师,实施继续教育培训的机构应当出具证明材料。

第五章 监督管理

第三十八条 县级以上公安机关消防机构依照有关法律、法规和本规定,对本行政区域内注册消防工程师的执业活动实施监督管理。

注册消防工程师及其聘用单位对公安机关消防机构依法进行的监督管理应当协助与配合,不得拒绝或者阻挠。

第三十九条 省级公安机关消防机构应当制定对注册消防工程师执业活动的监督抽查计划。县级以上地方公安机关消防机构应当根据监督抽查计划,结合日常消防监督检查工作,对注册消防工程师的执业活动实施监督抽查。

公安机关消防机构对注册消防工程师的执业活动实施监督抽查时,检查人员不得少于两人,并应当表明执法身份。

第四十条 公安机关消防机构对发现的注册消防工程师违法执业行为,应当责令立即改正或者限期改正,并依法查处。

公安机关消防机构对注册消防工程师作出处理决定后,应当在作出处理决定之日起七日内将违法执业事实、处理结果或者处理建议抄告原注册审批部门。原注册审批部门收到抄告后，应当依法作出责令停止执业、注销注册或者吊销注册证等处理。

第四十一条 公安机关消防机构工作人员滥用职权、玩忽职守作出准予注册决定的，作出决定的公安机关消防机构或者其上级公安机关消防机构可以撤销注册。

第四十二条 注册消防工程师有下列情形之一的，注册审批部门应当予以注销注册，并将其注册证、执业印章收回或者公告作废：

（一）不具有完全民事行为能力或者年龄超过70周岁的；

（二）申请注销注册或者注册有效期满超过三个月未延续注册的；

（三）被撤销注册、吊销注册证的；

（四）在一个注册有效期内有本规定第五十五条第二项、第五十六条、第五十七条所列情形一次以上，或者第五十五条第一项、第三项所列情形两次以上的；

（五）执业期间受到刑事处罚的；

（六）聘用单位破产、解散、被撤销，或者被注销消防技术服务机构资质的；

（七）与聘用单位解除（终止）工作关系超过三个月的；

（八）法律、行政法规规定的其他情形。

被注销注册的人员在具备初始注册条件后，可以重新申请初始注册。

第四十三条 公安机关消防机构实施监督检查时，有权采取下列措施：

（一）查看注册消防工程师的注册证、执业印章、签署的消防安全技术文件和社会保险证明；

（二）查阅注册消防工程师聘用单位、服务单位相关资料，询问有关事项；

（三）实地抽查注册消防工程师执业活动情况，核查执业活动质量；

（四）法律、行政法规规定的其他措施。

第四十四条 公安机关消防机构实施监督检查时，应当重点抽查下列情形：

（一）注册消防工程师聘用单位是否符合要求；

（二）注册消防工程师是否具备注册证、执业印章；

（三）是否存在违反本规定第三十条、第三十三条规定的情形。

第四十五条 公安机关消防机构对注册消防工程师执业活动中的违法行为除给予行政处罚外，实行违法行为累积记分制度。

累积记分管理的具体办法，由公安部制定。

第四十六条 注册消防工程师聘用单位应当建立本单位注册消防工程师的执业档案，并确保执业档案真实、准确、完整。

第四十七条 任何单位和个人都有权对注册消防工程师执业活动中的违法行为和公安机关消防机构及其工作人员监督管理工作中的违法行为进行举报、投诉。

公安机关消防机构接到举报、投诉后，应当及时进行核查、处理。

第六章 法律责任

第四十八条 注册消防工程师及其聘用单位违反本规定的行为，法律、法规已经规定法律责任的，依照有关规定处理。

第四十九条 隐瞒有关情况或者提供虚假材料申请注册的，公安机关消防机构不予受理或者不予许可，申请人在一年内不得再次申请注册；聘用单位为申请人提供虚假注册申请材料的，同时对聘用单位处一万元以上三万元以下罚款。

第五十条 申请人以欺骗、贿赂等不正当手段取得注册消防工程师资格注册的，原注册审批部门应当撤销其注册，并处一万元以下罚款；申请人在三年内不得再次申请注册。

第五十一条 未经注册擅自以注册消防工程师名义执业，或者被依法注销注册后继续执业的，责令停止违法活动，处一万元以上三万元以下罚款。

第五十二条 注册消防工程师有需要变更注册的情形，未经注册审批部门准予变更注册而继续执业的，责令改正，处一千元以上一万元以下罚款。

第五十三条 注册消防工程师聘用单位出具的消防安全技术文件，未经注册消防工程师签名或者加盖执业印章的，责令改正，处一千元以上一万元以下罚款。

第五十四条 注册消防工程师未按照国家标准、行业标准开展执业活动，减少执业活动项目内容、数量，或者执业活动质量不符合国家标准、行业标准的，责令改正，处一千元以上一万元以下罚款。

第五十五条 注册消防工程师有下列行为之一的，责令改正，处一万元以上二万元以下罚款：

（一）以个人名义承接执业业务、开展执业活动的；

（二）变造、倒卖、出租、出借或者以其他形式转让资格证书、注册证、执业印章的；

（三）超出本人执业范围或者聘用单位业务范围开展执业活动的。

第五十六条 注册消防工程师同时在两个以上消防技术服务机

构或者消防安全重点单位执业的，依据《社会消防技术服务管理规定》第四十七条第二款的规定处罚。

第五十七条 注册消防工程师在聘用单位出具的虚假、失实消防安全技术文件上签名或者加盖执业印章的，依据《中华人民共和国消防法》第六十九条的规定处罚。

第五十八条 本规定规定的行政处罚，除第五十条、第五十七条另有规定的外，由违法行为地的县级以上公安机关消防机构决定。

第五十九条 注册消防工程师对公安机关消防机构在注册消防工程师监督管理中作出的具体行政行为不服的，可以依法申请行政复议或者提起行政诉讼。

第六十条 公安机关消防机构工作人员有下列行为之一，尚不构成犯罪的，依法给予处分；构成犯罪的，依法追究刑事责任：

（一）超越法定职权、违反法定程序或者对不符合法定条件的申请人准予注册的；

（二）对符合法定条件的申请人不予受理、注册或者拖延办理的；

（三）利用职务上的便利，索取或者收受他人财物或者谋取不正当利益的；

（四）不依法履行监督管理职责或者发现违法行为不依法处理的。

第七章 附 则

第六十一条 本规定中的“日”是指工作日，不含法定节假日；“以上”、“以下”包括本数、本级。

第六十二条 本规定自2017年10月1日起施行。

企业事业单位专职消防队组织条例

1. 1987年1月19日国家经济贸易委员会、公安部、劳动人事部、财政部发布
2. 〔87〕公发1号

第一章　总　　则

第一条　为加强企业事业单位专职消防队的建设,保障本企业事业单位的消防安全,根据《中华人民共和国消防条例》第十七条的规定,制定本条例。

第二条　企业事业单位专职消防队(简称专职消防队)必须贯彻“预防为主,防消结合”的方针,切实做好本单位的防火、灭火工作。需要时,应协同公安消防队扑救外单位火灾。

第三条　专职消防队由厂长、经理等单位负责人领导,日常工作由本单位公安、保卫或安全技术部门管理,在业务上接受当地公安消防监督部门的指导。

第四条　专职消防队的建立和人员编制,均应以企业事业单位的实际需要为原则,经费由建队单位承担。企业单位专职消防队的建立或撤销,须经当地公安消防监督部门会同企业单位主管部门商定;事业单位设置专职消防队和人员编制,要报编制部门批准。单位领导决定消防队干部的任免、调动时,应当征求当地公安消防监督部门的意见。

第二章　建　　队

第五条　下列单位应当建立专职消防队:

（一）火灾危险性大，距离当地公安消防队（站）较远的大、中型企业事业单位；

（二）重要的港口、码头、飞机航站；

（三）专用仓库、储油或储气基地；

（四）国家列为重点文物保护的古建筑群；

（五）当地公安消防监督部门认为应当建立专职消防队的其他单位。

第六条 企业专职消防队的人员和消防车配备数量，由建队单位和当地公安消防监督部门商定；事业单位专职消防队人员数量，由编制部门审批。

第七条 本单位设置两个以上专职消防队、人数在一百人左右的，可以成立专职消防大队；设置五个以上专职消防队、人数在二百人左右的，可以成立专职消防支队。

第三章 火灾预防

第八条 专职消防队要建立防火责任制，定期深入责任区进行防火检查，督促消除火险隐患，建立防火档案。

第九条 专职消防队要在本单位开展消防宣传活动，普及消防常识，推动消防安全制度的贯彻落实，并负责训练义务消防队。

第十条 在本单位改变生产、储存物资的性质、变更原材料、产品以及需要进行新建、扩建、改建工程施工时，专职消防队应当向单位领导和有关部门提出改进消防安全措施的意见和建议。

第十一条 专职消防队应当定期向主管领导和公安消防监督部门汇报消防工作。发现违反消防法规的情况，应当及时提出纠正意见。如不采纳，可向本单位领导和当地公安消防监督部门报告。

第四章　执勤备战

第十二条　专职消防队的执勤、灭火战斗、业务训练应当参照执行公安部发布的《公安消防队执勤条令》、《公安消防队灭火战斗条令》和《消防战士基本功训练规定》。

第十三条　专职消防队应当加强灭火战术、技术的训练，对本单位的重点保卫部位必须制定灭火作战方案，进行实地演练，不断提高业务素质和灭火战斗能力。

第十四条　专职消防队要随时做好灭火战斗准备，一旦发生火灾要立即扑救，及时抢救人员和物资，并向公安消防监督部门报告。当接到消防监督部门的外出灭火调令时，应当迅速出动，听从指挥。

第十五条　专职消防队要建立正规的执勤秩序，实行昼夜执勤制度并加强节假日执勤。执勤人员要坚守岗位，不得擅离职守。

第十六条　专职消防队的执勤人员，由执勤队长、战斗（班）员、驾驶员和电话员组成。执勤队长由队长、指导员轮流担任。每辆水罐消防车或泡沫消防车，执勤战斗员不少于五名；每辆轻便消防车执勤战斗员不少于三名；特种消防车（艇）的执勤战斗员根据需要配备。

第五章　消防队员

第十七条　专职消防队队员条件是：热爱消防工作，身体健康，具有初中以上文化程度，年龄在十八岁以上、三十岁以下的男性公民。

第十八条　专职消防队的队员，应当优先在本单位职工中选调。不足时，应当在国家劳动工资计划指标内先从城镇待业人员中招收；必要时经省、自治区、直辖市人民政府批准，可以从农村青年中招收(户粮关系不转)。新招消防队员,根据工作需要确定用工形式,可以招用五年以上的长期工、一年至五年的短期工和定期轮换工,但不论采取哪一种用工形式,都应当执行劳动合同制的有关规定。

第十九条 专职消防队在不影响执勤备战和业务训练的前提下,要有组织有计划地开展培养两用人才活动,为离队后的工作安排创造条件。

第二十条 专职消防队的队长或指导员应当由干部担任。

第六章 工资福利

第二十一条 专职消防队人员实行本单位工资奖金制度,享受本单位生产职工同等保险福利待遇。离队后,按新的岗位确定待遇。

第二十二条 从社会上招收的专职消防队人员的转正定级和工资待遇及以后的晋级,按照国家有关政策和本单位有关规定执行。

第二十三条 专职消防队人员因执勤需要集体住宿必需的营具,由建队单位购置。

第二十四条 专职消防队人员在业务训练、灭火战斗中受伤、致残、死亡,应当按照本单位执行的有关劳动保险或伤亡抚恤规定办理;壮烈牺牲符合《革命烈士褒扬条例》规定的革命烈士条件的,可以按规定的审批手续,申请批准为革命烈士。

第二十五条 专职消防队人员着上绿下蓝制式服装,佩戴领章、帽徽。式样、供应标准和价拨办法由公安部商有关部门另定。

第七章 经费

第二十六条 企业单位的消防维护费和日常经费(如消防队员的工资、消防用材料物资)应在企业管理费中列支;支付给消防队员的奖金、福利应在企业奖励基金和职工福利基金中列支；购置的消防器材属于固定资产的，应在企业更新改造基金、生产发展基金中列支。

第二十七条 专职消防队的营房设施，参照执行公安部颁发的《消防站建筑设计标准》，由建队单位负责营建。

第二十八条 专职消防队所需消防车（艇）、器材、油料、通讯设备和人员的战斗装备等，应当做出计划，报本单位领导批准购置。

第二十九条 专职消防队为外单位扑救火灾消耗的燃料、灭火剂以及器材装备的折损等费用，应当根据有关规定按照实际消耗给予补偿。

第八章 附　　则

第三十条 各省、自治区、直辖市公安机关可以根据本条例，结合当地实际情况，制定具体实施办法。

第三十一条 本条例由国家经委、公安部、劳动人事部、财政部联合制定，由公安部负责解释。

第三十二条 本条例自发布之日起施行。

国家综合性消防救援队伍消防员招录办法

1. 2021年7月29日人力资源社会保障部、应急管理部发布
2. 人社部发〔2021〕58号

第一章 总　　则

第一条 为规范国家综合性消防救援队伍消防员招录工作，建设

对党忠诚、纪律严明、赴汤蹈火、竭诚为民的消防救援队伍，依据《中华人民共和国消防法》、《中华人民共和国消防救援衔条例》等法律法规，制定本办法。

第二条 消防员招录工作实行计划管理，严格招录标准，遵循公开公正、平等自愿、竞争择优的原则。

第三条 人力资源社会保障部、应急管理部主管全国消防员招录工作。应急管理部统一组织实施招录工作。

第四条 国家综合性消防救援队伍各总队联合应急管理等厅（局）成立省级消防员招录工作组织，负责招录具体工作。人力资源社会保障等厅（局）进行政策指导和提供服务。

第二章 招录条件与范围

第五条 消防员招录对象应当具备下列基本条件：

（一）具有中华人民共和国国籍；

（二）遵守宪法和法律，拥护中国共产党领导和社会主义制度；

（三）志愿加入国家综合性消防救援队伍；

（四）年龄为18周岁以上、22周岁以下；

（五）具有高中以上文化程度；

（六）身体和心理健康；

（七）具有良好的品行；

（八）法律、法规规定的其他条件。

第六条 大学专科以上学历人员、解放军和武警部队退役士兵、具有2年以上灭火救援实战经验的政府专职消防队员和政府专职林业扑火队员，年龄可以放宽至24周岁；对消防救援工作急需的特殊专业人才，经应急管理部批准年龄可以进一步放宽，原则上不超过28周岁。

第七条 消防员面向社会公开招录,主要从本省级行政区域常住人口中招录,根据需要也可以面向其他省份招录。

第三章 招录程序

第八条 各省级消防员招录工作组织根据消防员编配情况和工作需要提出招录需求,报应急管理部汇总审核,应急管理部会同人力资源社会保障部下达年度招录计划。

招录计划应当包括编制员额、在编人数、超缺编情况、拟招录数量和拟招录地区等内容。

第九条 消防员招录按照宣传动员、组织报名、资格审查、体格检查、政治考核、体能测试和岗位适应性测试、心理测试和面试、公示、录用等程序组织实施。具体顺序可以根据招录工作需要予以调整。

(一)宣传动员。统一发布消防员招录公告,通过网络、报刊、电视等,广泛开展政策咨询和宣传动员。

(二)组织报名。一般采用网上报名的方式。招录对象在规定时间内登录网上招录平台录入报名信息。

(三)资格审查。对报名信息进行网上初审,对证件证书等原件进行现场复核。

(四)体格检查。体格检查应当在指定的市级以上综合性医院进行,标准参照《应征公民体格检查标准》(陆勤人员)执行。

招录对象对体格检查结果有疑问的,经省级消防员招录工作组织同意,可以进行一次复检,体格检查结果以复检结论为准。对可以通过服用药物或者其他治疗手段影响检查结果的项目不予复检。

(五)政治考核。参照征兵政治考核要求,按照规定程序严格考核招录对象的政治面貌、宗教信仰、政治言行等，对具有《征兵政治考核工作规定》第八条、第九条所列情形的，政治考核不得通过。同时，应当对招录对象的个人基本信息、文化程度、毕业（就读）学校、主要经历、现实表现、奖惩情况以及家庭成员、主要社会关系成员的政治情况等进行全面核查了解，并审核人事档案。

（六）体能测试和岗位适应性测试。体能测试主要考察招录对象肌肉力量、肌肉耐力和柔韧素质等；岗位适应性测试主要考察招录对象协调能力、空间位置感知以及对高空、黑暗环境的心理适应度。

体能测试、岗位适应性测试项目及标准由应急管理部制定。

（七）心理测试和面试。心理测试主要考察招录对象的心理承受和自我调节能力；面试主要考察招录对象的身体形态、仪容仪表、语言表达、交流沟通能力等内容。

（八）公示。根据招录对象政治考核、体格检查、体能测试和岗位适应性测试、心理测试和面试等情况，择优提出拟录用人员名单，面向社会公示，公示时间不少于5个工作日。

（九）录用。公示期满，根据公示情况，确定录用人员名单。对没有问题或者反映问题不影响录用的，按照规定程序办理录用手续；对有严重问题并查有实据的，不予录用；对反映有严重问题，但一时难以查实的，暂缓录用，待查实并作出结论后再决定是否录用。

录用人员名单送人力资源社会保障等部门备案。

第十条 消防员录用后须填写《献身消防救援事业志愿书》。省级消防员招录工作组织核发《消防员入职批准书》，并调取录用人员档案。

第十一条 新录用消防员须参加为期一年的入职训练。训练期间待遇按照预备消防士(一档)标准执行。

入职训练3个月内,进行政治考核复查、体格检查复检、心理测试复测,不符合招录条件的,取消录用。

第十二条 消防员入职训练期满考核合格的,正式授衔定级;考核不合格,或者有其他不适宜从事消防救援工作情形的,取消录用。

第十三条 新录用消防员工作5年(含入职训练期)内不得辞职。非正当原因擅自离职的,此后不得再次参加消防员招录,并记入相关人员信用记录。

消防员被取消录用、擅自离职等,其人事档案按照有关规定进行转递。

第四章 纪律与监督

第十四条 消防员招录坚持信息公开、过程公开、结果公开,主动接受监督。招录工作实行回避制度,回避情形参照《事业单位人事管理回避规定》执行。

第十五条 应急管理、人力资源社会保障等部门应当认真履行职责,及时受理相关举报,按有关规定调查处理,对消防员招录过程中违纪违规的行为及时予以制止和纠正,保证招录工作公开、公平、公正。

第十六条 消防员招录单位在招录工作中有下列行为之一的,责令其限期改正;逾期不改正的,对直接负责的主管人员和其他直接责任人员依法依规给予处分:

(一)未按照招录计划组织招录的;

(二)未按照招录条件进行资格审查的;

(三)未按照规定程序组织考核选拔的;

（四）未按照规定公示拟录用人员名单的；

（五）其他应当责令改正的违纪违规行为。

第十七条 消防员招录工作人员有下列行为之一的，由相关部门给予处分，并将其调离消防员招录工作岗位，不得再从事招录工作；构成犯罪的，依法追究刑事责任：

（一）指使、纵容他人作弊，或者在考核选拔过程中参与作弊的；

（二）在保密期限内，泄露面试评分要素等应当保密的信息的；

（三）玩忽职守，造成不良影响的；

（四）其他严重违纪违规行为。

第十八条 招录对象有下列情形之一的，按照有关规定给予相应处理：

（一）伪造、涂改证件、证明等报名材料，或者以其他不正当手段获取招录资格的；

（二）提供的涉及招录资格的申请材料或者信息不实，且影响资格审查结果的；

（三）作弊、串通作弊或者参与有组织作弊的；

（四）拒绝、妨碍工作人员履行管理职责的；

（五）威胁、侮辱、诽谤、诬陷工作人员或者其他招录对象的；

（六）其他扰乱招录工作秩序的违纪违规行为。

第五章 附 则

第十九条 消防员招录所需经费，由财政分级保障。

第二十条 本办法由人力资源社会保障部、应急管理部共同负责解释。

第二十一条 本办法自颁布之日起施行。2018 年 12 月 23 日印发的《人力资源社会保障部 应急管理部关于印发〈国家综合性消防救援队伍消防员招录办法(试行)〉的通知》(人社部规〔2018〕5 号)同时废止。

附件:消防员入职批准书(略)

社会消防安全教育培训规定

1. 2009 年 4 月 13 日公安部、教育部、民政部、人力资源和社会保障部、住房和城乡建设部、文化部、国家广播电影电视总局、国家安全监管总局、国家旅游局令第 109 号发布
2. 自 2009 年 6 月 1 日起施行

第一章 总　　则

第一条 为了加强社会消防安全教育培训工作,提高公民消防安全素质,有效预防火灾,减少火灾危害,根据《中华人民共和国消防法》等有关法律法规,制定本规定。

第二条 机关、团体、企业、事业等单位(以下统称单位)、社区居民委员会、村民委员会依照本规定开展消防安全教育培训工作。

第三条 公安、教育、民政、人力资源和社会保障、住房和城乡建设、文化、广电、安全监管、旅游、文物等部门应当按照各自职能,依法组织和监督管理消防安全教育培训工作,并纳入相关工作检查、考评。

各部门应当建立协作机制,定期研究、共同做好消防安全

教育培训工作。

第四条 消防安全教育培训的内容应当符合全国统一的消防安全教育培训大纲的要求，主要包括：

（一）国家消防工作方针、政策；

（二）消防法律法规；

（三）火灾预防知识；

（四）火灾扑救、人员疏散逃生和自救互救知识；

（五）其他应当教育培训的内容。

第二章 管理职责

第五条 公安机关应当履行下列职责，并由公安机关消防机构具体实施：

（一）掌握本地区消防安全教育培训工作情况，向本级人民政府及相关部门提出工作建议；

（二）协调有关部门指导和监督社会消防安全教育培训工作；

（三）会同教育行政部门、人力资源和社会保障部门对消防安全专业培训机构实施监督管理；

（四）定期对社区居民委员会、村民委员会的负责人和专（兼）职消防队、志愿消防队的负责人开展消防安全培训。

第六条 教育行政部门应当履行下列职责：

（一）将学校消防安全教育培训工作纳入教育培训规划，并进行教育督导和工作考核；

（二）指导和监督学校将消防安全知识纳入教学内容；

（三）将消防安全知识纳入学校管理人员和教师在职培训内容；

（四）依法在职责范围内对消防安全专业培训机构进行审

批和监督管理。

第七条 民政部门应当履行下列职责：

（一）将消防安全教育培训工作纳入减灾规划并组织实施，结合救灾、扶贫济困和社会优抚安置、慈善等工作开展消防安全教育；

（二）指导社区居民委员会、村民委员会和各类福利机构开展消防安全教育培训工作；

（三）负责消防安全专业培训机构的登记，并实施监督管理。

第八条 人力资源和社会保障部门应当履行下列职责：

（一）指导和监督机关、企业和事业单位将消防安全知识纳入干部、职工教育、培训内容；

（二）依法在职责范围内对消防安全专业培训机构进行审批和监督管理。

第九条 住房和城乡建设行政部门应当指导和监督勘察设计单位、施工单位、工程监理单位、施工图审查机构、城市燃气企业、物业服务企业、风景名胜区经营管理单位和城市公园绿地管理单位等开展消防安全教育培训工作，将消防法律法规和工程建设消防技术标准纳入建设行业相关执业人员的继续教育和从业人员的岗位培训及考核内容。

第十条 文化、文物行政部门应当积极引导创作优秀消防安全文化产品，指导和监督文物保护单位、公共娱乐场所和公共图书馆、博物馆、文化馆、文化站等文化单位开展消防安全教育培训工作。

第十一条 广播影视行政部门应当指导和协调广播影视制作机构和广播电视播出机构，制作、播出相关消防安全节目，开展公益性消防安全宣传教育，指导和监督电影院开展消防安全教育培训工作。

第十二条 安全生产监督管理部门应当履行下列职责：

（一）指导、监督矿山、危险化学品、烟花爆竹等生产经营单位开展消防安全教育培训工作；

（二）将消防安全知识纳入安全生产监管监察人员和矿山、危险化学品、烟花爆竹等生产经营单位主要负责人、安全生产管理人员以及特种作业人员培训考核内容；

（三）将消防法律法规和有关消防技术标准纳入注册安全工程师培训及执业资格考试内容。

第十三条 旅游行政部门应当指导和监督相关旅游企业开展消防安全教育培训工作，督促旅行社加强对游客的消防安全教育，并将消防安全条件纳入旅游饭店、旅游景区等相关行业标准，将消防安全知识纳入旅游从业人员的岗位培训及考核内容。

第三章 消防安全教育培训

第十四条 单位应当根据本单位的特点，建立健全消防安全教育培训制度，明确机构和人员，保障教育培训工作经费，按照下列规定对职工进行消防安全教育培训：

（一）定期开展形式多样的消防安全宣传教育；

（二）对新上岗和进入新岗位的职工进行上岗前消防安全培训；

（三）对在岗的职工每年至少进行一次消防安全培训；

（四）消防安全重点单位每半年至少组织一次、其他单位每年至少组织一次灭火和应急疏散演练。

单位对职工的消防安全教育培训应当将本单位的火灾危险性、防火灭火措施、消防设施及灭火器材的操作使用方法、人员疏散逃生知识等作为培训的重点。

第十五条 各级各类学校应当开展下列消防安全教育工作：

（一）将消防安全知识纳入教学内容；

（二）在开学初、放寒（暑）假前、学生军训期间，对学生普遍开展专题消防安全教育；

（三）结合不同课程实验课的特点和要求，对学生进行有针对性的消防安全教育；

（四）组织学生到当地消防站参观体验；

（五）每学年至少组织学生开展一次应急疏散演练；

（六）对寄宿学生开展经常性的安全用火用电教育和应急疏散演练。

各级各类学校应当至少确定一名熟悉消防安全知识的教师担任消防安全课教员，并选聘消防专业人员担任学校的兼职消防辅导员。

第十六条 中小学校和学前教育机构应当针对不同年龄阶段学生认知特点，保证课时或者采取学科渗透、专题教育的方式，每学期对学生开展消防安全教育。

小学阶段应当重点开展火灾危险及危害性、消防安全标志标识、日常生活防火、火灾报警、火场自救逃生常识等方面的教育。

初中和高中阶段应当重点开展消防法律法规、防火灭火基本知识和灭火器材使用等方面的教育。

学前教育机构应当采取游戏、儿歌等寓教于乐的方式，对幼儿开展消防安全常识教育。

第十七条 高等学校应当每学年至少举办一次消防安全专题讲座，在校园网络、广播、校内报刊等开设消防安全教育栏目，对学生进行消防法律法规、防火灭火知识、火灾自救他救知识和火灾案例教育。

第十八条 国家支持和鼓励有条件的普通高等学校和中等职业学校根据经济社会发展需要,设置消防类专业或者开设消防类课程,培养消防专业人才,并依法面向社会开展消防安全培训。

人民警察训练学校应当根据教育培训对象的特点,科学安排培训内容,开设消防基础理论和消防管理课程,并列入学生必修课程。

师范院校应当将消防安全知识列入学生必修内容。

第十九条 社区居民委员会、村民委员会应当开展下列消防安全教育工作:

(一)组织制定防火安全公约;

(二)在社区、村庄的公共活动场所设置消防宣传栏,利用文化活动站、学习室等场所,对居民、村民开展经常性的消防安全宣传教育;

(三)组织志愿消防队、治安联防队和灾害信息员、保安人员等开展消防安全宣传教育;

(四)利用社区、乡村广播、视频设备定时播放消防安全常识,在火灾多发季节、农业收获季节、重大节日和乡村民俗活动期间,有针对性地开展消防安全宣传教育。

社区居民委员会、村民委员会应当确定至少一名专(兼)职消防安全员,具体负责消防安全宣传教育工作。

第二十条 物业服务企业应当在物业服务工作范围内,根据实际情况积极开展经常性消防安全宣传教育,每年至少组织一次本单位员工和居民参加的灭火和应急疏散演练。

第二十一条 由两个以上单位管理或者使用的同一建筑物,负责公共消防安全管理的单位应当对建筑物内的单位和职工进行消防安全宣传教育,每年至少组织一次灭火和应急疏散演练。

第二十二条 歌舞厅、影剧院、宾馆、饭店、商场、集贸市场、体育场馆、会堂、医院、客运车站、客运码头、民用机场、公共图书馆和公共展览馆等公共场所应当按照下列要求对公众开展消防安全宣传教育:

(一)在安全出口、疏散通道和消防设施等处的醒目位置设置消防安全标志、标识等;

(二)根据需要编印场所消防安全宣传资料供公众取阅;

(三)利用单位广播、视频设备播放消防安全知识。

养老院、福利院、救助站等单位,应当对服务对象开展经常性的用火用电和火场自救逃生安全教育。

第二十三条 旅游景区、城市公园绿地的经营管理单位、大型群众性活动主办单位应当在景区、公园绿地、活动场所醒目位置设置疏散路线、消防设施示意图和消防安全警示标识,利用广播、视频设备、宣传栏等开展消防安全宣传教育。

导游人员、旅游景区工作人员应当向游客介绍景区消防安全常识和管理要求。

第二十四条 在建工程的施工单位应当开展下列消防安全教育工作:

(一)建设工程施工前应当对施工人员进行消防安全教育;

(二)在建设工地醒目位置、施工人员集中住宿场所设置消防安全宣传栏,悬挂消防安全挂图和消防安全警示标识;

(三)对明火作业人员进行经常性的消防安全教育;

(四)组织灭火和应急疏散演练。

在建工程的建设单位应当配合施工单位做好上述消防安全教育工作。

第二十五条 新闻、广播、电视等单位应当积极开设消防安全教育栏目,制作节目,对公众开展公益性消防安全宣传教育。

第二十六条 公安、教育、民政、人力资源和社会保障、住房和城乡建设、安全监管、旅游部门管理的培训机构,应当根据教育培训对象特点和实际需要进行消防安全教育培训。

第四章 消防安全培训机构

第二十七条 国家机构以外的社会组织或者个人利用非国家财政性经费,举办消防安全专业培训机构,面向社会从事消防安全专业培训的,应当经省级教育行政部门或者人力资源和社会保障部门依法批准,并到省级民政部门申请民办非企业单位登记。

第二十八条 成立消防安全专业培训机构应当符合下列条件:

(一)具有法人条件,有规范的名称和必要的组织机构;

(二)注册资金或者开办费一百万元以上;

(三)有健全的组织章程和培训、考试制度;

(四)具有与培训规模和培训专业相适应的专(兼)职教员队伍;

(五)有同时培训二百人以上规模的固定教学场所、训练场地,具有满足技能培训需要的消防设施、设备和器材;

(六)消防安全专业培训需要的其他条件。

前款第(四)项所指专(兼)职教员队伍中,专职教员应当不少于教员总数的二分之一;具有建筑、消防等相关专业中级以上职称,并有五年以上消防相关工作经历的教员不少于十人;消防安全管理、自动消防设施、灭火救援等专业课程应当分别配备理论教员和实习操作教员不少于两人。

第二十九条 申请成立消防安全专业培训机构,依照国家有关法律法规,应当向省级教育行政部门或者人力资源和社会保障部门申请。

省级教育行政部门或者人力资源和社会保障部门受理申请后，可以征求同级公安机关消防机构的意见。

省级公安机关消防机构收到省级教育行政部门或者人力资源和社会保障部门移送的申请材料后，应当配合对申请成立消防安全培训专业机构的师资条件、场地和设施、设备、器材等进行核查，并出具书面意见。

教育行政部门或者人力资源和社会保障部门根据有关民办职业培训机构的规定，并综合公安机关消防机构出具的书面意见进行评定，符合条件的予以批准，并向社会公告。

第三十条 消防安全专业培训机构应当按照有关法律法规、规章和章程规定，开展消防安全专业培训，保证培训质量。

消防安全专业培训机构开展消防安全专业培训，应当将消防安全管理、建筑防火和自动消防设施施工、操作、检测、维护技能作为培训的重点，对经理论和技能操作考核合格的人员，颁发培训证书。

消防安全专业培训的收费标准，应当符合国家有关规定，并向社会公布。

第三十一条 省级教育行政部门或者人力资源和社会保障部门应当依法对消防安全专业培训机构进行管理，监督、指导消防安全专业培训机构依法开展活动。

省级教育行政部门或者人力资源和社会保障部门应当对消防安全专业培训机构定期组织质量评估，并向社会公布监督评估情况。省级教育行政部门或者人力资源和社会保障部门在对消防安全专业培训机构进行质量评估时，可以邀请公安机关消防机构专业人员参加。

第五章 奖 惩

第三十二条 地方各级人民政府及有关部门对在消防安全教育培训工作中有突出贡献或者成绩显著的单位和个人,应当给予表彰奖励。

单位对消防安全教育培训工作成绩突出的职工,应当给予表彰奖励。

第三十三条 地方各级人民政府公安、教育、民政、人力资源和社会保障、住房和城乡建设、文化、广电、安全监管、旅游、文物等部门不依法履行消防安全教育培训工作职责的,上级部门应当给予批评;对直接责任人员由上级部门和所在单位视情节轻重,根据权限依法给予批评教育或者建议有权部门给予处分。

公安机关消防机构工作人员在协助审查消防安全专业培训机构的工作中疏于职守的,由上级机关责令改正;情节严重的,对直接负责的主管人员和其他直接责任人员依法给予处分。

第三十四条 学校未按照本规定第十五条、第十六条、第十七条、第十八条规定开展消防安全教育工作的,教育、公安、人力资源和社会保障等主管部门应当按照职责分工责令其改正,并视情对学校负责人和其他直接责任人员给予处分。

第三十五条 单位违反本规定,构成违反消防管理行为的,由公安机关消防机构依照《中华人民共和国消防法》予以处罚。

第三十六条 社会组织或者个人未经批准擅自举办消防安全专业培训机构的,或者消防安全专业培训机构在培训活动中有违法违规行为的,由教育、人力资源和社会保障、民政等部门依据各自职责依法予以处理。

第六章 附　　则

第三十七条 全国统一的消防安全教育培训大纲由公安部会同教育部、人力资源和社会保障部共同制定。

四、法律责任

中华人民共和国刑法(节录)

1. 1979 年 7 月 1 日第五届全国人民代表大会第二次会议通过
2. 1997 年 3 月 14 日第八届全国人民代表大会第五次会议修订
3. 根据 1998 年 12 月 29 日第九届全国人民代表大会常务委员会第六次会议通过的《关于惩治骗购外汇、逃汇和非法买卖外汇犯罪的决定》、1999 年 12 月 25 日第九届全国人民代表大会常务委员会第十三次会议通过的《中华人民共和国刑法修正案》、2001 年 8 月 31 日第九届全国人民代表大会常务委员会第二十三次会议通过的《中华人民共和国刑法修正案(二)》、2001 年 12 月 29 日第九届全国人民代表大会常务委员会第二十五次会议通过的《中华人民共和国刑法修正案(三)》、2002 年 12 月 28 日第九届全国人民代表大会常务委员会第三十一次会议通过的《中华人民共和国刑法修正案(四)》、2005 年 2 月 28 日第十届全国人民代表大会常务委员会第十四次会议通过的《中华人民共和国刑法修正案(五)》、2006 年 6 月 29 日第十届全国人民代表大会常务委员会第二十二次会议通过的《中华人民共和国刑法修正案(六)》、2009 年 2 月 28 日第十一届全国人民代表大会常务委员会第七次会议通过的《中华人民共和国刑法修正案(七)》、2009 年 8 月 27 日第十一届全国人民代表大会常务委员会第十次会议通过的《关于修改部分法律的决定》、2011 年 2 月 25 日第十一届全国人民代表大会常务委员会第十九次会议通过的《中华人民共和国刑法修正案(八)》、2015 年 8 月 29 日第十二届全国人民代表大会常务委员会第十六次会议通过的《中华人民共和国刑法修正案(九)》、2017 年 11 月 4 日第十二届全国人民代表大会常务委员会第三十次会议通过的《中华人民共和国刑法修正案(十)》、2020 年 12 月 26 日第十三届全国人民代表大会常务委员会第二十四次会议通过的《中华人民共和国刑法修正案(十一)》修正

第十七条 【刑事责任年龄】已满十六周岁的人犯罪,应当负刑事责任。

已满十四周岁不满十六周岁的人,犯故意杀人、故意伤害致人重伤或者死亡、强奸、抢劫、贩卖毒品、放火、爆炸、投放危险物质罪的,应当负刑事责任。

已满十二周岁不满十四周岁的人,犯故意杀人、故意伤害罪,致人死亡或者以特别残忍手段致人重伤造成严重残疾,情节恶劣,经最高人民检察院核准追诉的,应当负刑事责任。

对依照前三款规定追究刑事责任的不满十八周岁的人,应当从轻或者减轻处罚。

因不满十六周岁不予刑事处罚的,责令其父母或者其他监护人加以管教;在必要的时候,依法进行专门矫治教育。

第五十条 【死缓变更】判处死刑缓期执行的,在死刑缓期执行期间,如果没有故意犯罪,二年期满以后,减为无期徒刑;如果确有重大立功表现,二年期满以后,减为二十五年有期徒刑;如果故意犯罪,情节恶劣的,报请最高人民法院核准后执行死刑;对于故意犯罪未执行死刑的,死刑缓期执行的期间重新计算,并报最高人民法院备案。

对被判处死刑缓期执行的累犯以及因故意杀人、强奸、抢劫、绑架、放火、爆炸、投放危险物质或者有组织的暴力性犯罪被判处死刑缓期执行的犯罪分子,人民法院根据犯罪情节等情况可以同时决定对其限制减刑。

第五十六条 【剥夺政治权利的适用对象】对于危害国家安全的犯罪分子应当附加剥夺政治权利;对于故意杀人、强奸、放火、爆炸、投毒、抢劫等严重破坏社会秩序的犯罪分子,可以附加剥夺政治权利。

独立适用剥夺政治权利的,依照本法分则的规定。

第八十一条 【假释的适用条件】被判处有期徒刑的犯罪分子，执行原判刑期二分之一以上，被判处无期徒刑的犯罪分子，实际执行十三年以上，如果认真遵守监规，接受教育改造，确有悔改表现，没有再犯罪的危险的，可以假释。如果有特殊情况，经最高人民法院核准，可以不受上述执行刑期的限制。

对累犯以及因故意杀人、强奸、抢劫、绑架、放火、爆炸、投放危险物质或者有组织的暴力性犯罪被判处十年以上有期徒刑、无期徒刑的犯罪分子，不得假释。

对犯罪分子决定假释时，应当考虑其假释后对所居住社区的影响。

第一百一十四条 【放火罪；决水罪；爆炸罪；投放危险物质罪；以危险方法危害公共安全罪】放火、决水、爆炸以及投放毒害性、放射性、传染病病原体等物质或者以其他危险方法危害公共安全，尚未造成严重后果的，处三年以上十年以下有期徒刑。

第一百一十五条 【放火罪；决水罪；爆炸罪；投放危险物质罪；以危险方法危害公共安全罪】放火、决水、爆炸以及投放毒害性、放射性、传染病病原体等物质或者以其他危险方法致人重伤、死亡或者使公私财产遭受重大损失的，处十年以上有期徒刑、无期徒刑或者死刑。

【失火罪；过失决水罪；过失爆炸罪；过失投放危险物质罪；过失以危险方法危害公共安全罪】过失犯前款罪的，处三年以上七年以下有期徒刑；情节较轻的，处三年以下有期徒刑或者拘役。

中华人民共和国治安管理处罚法(节录)

1. 2005年8月28日第十届全国人民代表大会常务委员会第十七次会议通过
2. 根据2012年10月26日第十一届全国人民代表大会常务委员会第二十九次会议《关于修改〈中华人民共和国治安管理处罚法〉的决定》修正

第二十四条 【扰乱文化、体育等大型群众性活动秩序的行为及处罚】有下列行为之一,扰乱文化、体育等大型群众性活动秩序的,处警告或者二百元以下罚款;情节严重的,处五日以上十日以下拘留,可以并处五百元以下罚款:

(一)强行进入场内的;

(二)违反规定,在场内燃放烟花爆竹或者其他物品的;

(三)展示侮辱性标语、条幅等物品的;

(四)围攻裁判员、运动员或者其他工作人员的;

(五)向场内投掷杂物,不听制止的;

(六)扰乱大型群众性活动秩序的其他行为。

因扰乱体育比赛秩序被处以拘留处罚的,可以同时责令其十二个月内不得进入体育场馆观看同类比赛;违反规定进入体育场馆的,强行带离现场。

第二十五条 【扰乱公共秩序的行为及处罚】有下列行为之一的,处五日以上十日以下拘留,可以并处五百元以下罚款;情节较轻的,处五日以下拘留或者五百元以下罚款:

(一)散布谣言,谎报险情、疫情、警情或者以其他方法故意扰乱公共秩序的;

(二)投放虚假的爆炸性、毒害性、放射性、腐蚀性物质或者传染病病原体等危险物质扰乱公共秩序的；

（三）扬言实施放火、爆炸、投放危险物质扰乱公共秩序的。

第三十条 【违反危险物质管理的行为及处罚】违反国家规定，制造、买卖、储存、运输、邮寄、携带、使用、提供、处置爆炸性、毒害性、放射性、腐蚀性物质或者传染病病原体等危险物质的，处十日以上十五日以下拘留；情节较轻的，处五日以上十日以下拘留。

第三十一条 【对危险物质被盗、被抢、丢失不报的处罚】爆炸性、毒害性、放射性、腐蚀性物质或者传染病病原体等危险物质被盗、被抢或者丢失，未按规定报告的，处五日以下拘留；故意隐瞒不报的，处五日以上十日以下拘留。

第三十八条 【对违反安全规定举办大型活动的处罚】举办文化、体育等大型群众性活动，违反有关规定，有发生安全事故危险的，责令停止活动，立即疏散；对组织者处五日以上十日以下拘留，并处二百元以上五百元以下罚款；情节较轻的，处五日以下拘留或者五百元以下罚款。

第三十九条 【对违反公共场所安全规定的处罚】旅馆、饭店、影剧院、娱乐场、运动场、展览馆或者其他供社会公众活动的场所的经营管理人员，违反安全规定，致使该场所有发生安全事故危险，经公安机关责令改正，拒不改正的，处五日以下拘留。

第五十条 【对拒不执行紧急状态决定、命令和阻碍执行公务的处罚】有下列行为之一的，处警告或者二百元以下罚款；情节严重的，处五日以上十日以下拘留，可以并处五百元以下罚款：

（一）拒不执行人民政府在紧急状态情况下依法发布的决定、命令的；

（二）阻碍国家机关工作人员依法执行职务的；

（三）阻碍执行紧急任务的消防车、救护车、工程抢险车、警车等车辆通行的；

（四）强行冲闯公安机关设置的警戒带、警戒区的。

阻碍人民警察依法执行职务的，从重处罚。

最高人民法院关于审理非法制造、买卖、运输枪支、弹药、爆炸物等刑事案件具体应用法律若干问题的解释

1. 2001年5月10日最高人民法院审判委员会第1174次会议通过、2001年5月15日公布、自2001年5月16日起施行（法释〔2001〕15号）

2. 根据2009年11月9日最高人民法院审判委员会第1476次会议通过、2009年11月16日公布、自2010年1月1日起施行的《最高人民法院关于修改〈最高人民法院关于审理非法制造、买卖、运输枪支、弹药、爆炸物等刑事案件具体应用法律若干问题的解释〉的决定》（法释〔2009〕18号）修正

为依法严惩非法制造、买卖、运输枪支、弹药、爆炸物等犯罪活动，根据刑法有关规定，现就审理这类案件具体应用法律的若干问题解释如下：

第一条 个人或者单位非法制造、买卖、运输、邮寄、储存枪支、弹药、爆炸物，具有下列情形之一的，依照刑法第一百二十五条第一款的规定，以非法制造、买卖、运输、邮寄、储存枪支、弹药、爆炸物罪定罪处罚：

（一）非法制造、买卖、运输、邮寄、储存军用枪支一支以上的；

（二）非法制造、买卖、运输、邮寄、储存以火药为动力发射枪弹的非军用枪支一支以上或者以压缩气体等为动力的其他

非军用枪支二支以上的；

（三）非法制造、买卖、运输、邮寄、储存军用子弹十发以上、气枪铅弹五百发以上或者其他非军用子弹一百发以上的；

（四）非法制造、买卖、运输、邮寄、储存手榴弹一枚以上的；

（五）非法制造、买卖、运输、邮寄、储存爆炸装置的；

（六）非法制造、买卖、运输、邮寄、储存炸药、发射药、黑火药一千克以上或者烟火药三千克以上、雷管三十枚以上或者导火索、导爆索三十米以上的；

（七）具有生产爆炸物品资格的单位不按照规定的品种制造，或者具有销售、使用爆炸物品资格的单位超过限额买卖炸药、发射药、黑火药十千克以上或者烟火药三十千克以上、雷管三百枚以上或者导火索、导爆索三百米以上的；

（八）多次非法制造、买卖、运输、邮寄、储存弹药、爆炸物的；

（九）虽未达到上述最低数量标准，但具有造成严重后果等其他恶劣情节的。

介绍买卖枪支、弹药、爆炸物的，以买卖枪支、弹药、爆炸物罪的共犯论处。

第二条 非法制造、买卖、运输、邮寄、储存枪支、弹药、爆炸物，具有下列情形之一的，属于刑法第一百二十五条第一款规定的“情节严重”：

（一）非法制造、买卖、运输、邮寄、储存枪支、弹药、爆炸物的数量达到本解释第一条第（一）、（二）、（三）、（六）、（七）项规定的最低数量标准五倍以上的；

（二）非法制造、买卖、运输、邮寄、储存手榴弹三枚以上的；

（三）非法制造、买卖、运输、邮寄、储存爆炸装置，危害严重的；

（四）达到本解释第一条规定的最低数量标准，并具有造成严重后果等其他恶劣情节的。

第三条 依法被指定或者确定的枪支制造、销售企业，实施刑法第一百二十六条规定的行为，具有下列情形之一的，以违规制造、销售枪支罪定罪处罚：

（一）违规制造枪支五支以上的；

（二）违规销售枪支二支以上的；

（三）虽未达到上述最低数量标准，但具有造成严重后果等其他恶劣情节的。

具有下列情形之一的，属于刑法第一百二十六条规定的“情节严重”：

（一）违规制造枪支二十支以上的；

（二）违规销售枪支十支以上的；

（三）达到本条第一款规定的最低数量标准，并具有造成严重后果等其他恶劣情节的。

具有下列情形之一的，属于刑法第一百二十六条规定的“情节特别严重”：

（一）违规制造枪支五十支以上的；

（二）违规销售枪支三十支以上的；

（三）达到本条第二款规定的最低数量标准，并具有造成严重后果等其他恶劣情节的。

第四条 盗窃、抢夺枪支、弹药、爆炸物，具有下列情形之一的，依照刑法第一百二十七条第一款的规定，以盗窃、抢夺枪支、弹药、爆炸物罪定罪处罚：

（一）盗窃、抢夺以火药为动力的发射枪弹非军用枪支一支以上或者以压缩气体等为动力的其他非军用枪支二支以上的；

（二）盗窃、抢夺军用子弹十发以上、气枪铅弹五百发以上或者其他非军用子弹一百发以上的；

（三）盗窃、抢夺爆炸装置的；

（四）盗窃、抢夺炸药、发射药、黑火药一千克以上或者烟火药三千克以上、雷管三十枚以上或者导火索、导爆索三十米以上的；

（五）虽未达到上述最低数量标准，但具有造成严重后果等其他恶劣情节的。

具有下列情形之一的，属于刑法第一百二十七条第一款规定的“情节严重”：

（一）盗窃、抢夺枪支、弹药、爆炸物的数量达到本条第一款规定的最低数量标准五倍以上的；

（二）盗窃、抢夺军用枪支的；

（三）盗窃、抢夺手榴弹的；

（四）盗窃、抢夺爆炸装置，危害严重的；

（五）达到本条第一款规定的最低数量标准，并具有造成严重后果等其他恶劣情节的。

第五条 具有下列情形之一的，依照刑法第一百二十八条第一款的规定，以非法持有、私藏枪支、弹药罪定罪处罚：

（一）非法持有、私藏军用枪支一支的；

（二）非法持有、私藏以火药为动力发射枪弹的非军用枪支一支或者以压缩气体等为动力的其他非军用枪支二支以上的；

（三）非法持有、私藏军用子弹二十发以上，气枪铅弹一千发以上或者其他非军用子弹二百发以上的；

（四）非法持有、私藏手榴弹一枚以上的；

（五）非法持有、私藏的弹药造成人员伤亡、财产损失的。

具有下列情形之一的，属于刑法第一百二十八条第一款规定的“情节严重”：

（一）非法持有、私藏军用枪支二支以上的；

（二）非法持有、私藏以火药为动力发射枪弹的非军用枪支二支以上或者以压缩气体等为动力的其他非军用枪支五支以上的；

（三）非法持有、私藏军用子弹一百发以上，气枪铅弹五千发以上或者其他非军用子弹一千发以上的；

（四）非法持有、私藏手榴弹三枚以上的；

（五）达到本条第一款规定的最低数量标准，并具有造成严重后果等其他恶劣情节的。

第六条 非法携带枪支、弹药、爆炸物进入公共场所或者公共交通工具，危及公共安全，具有下列情形之一的，属于刑法第一百三十条规定的“情节严重”：

（一）携带枪支或者手榴弹的；

（二）携带爆炸装置的；

（三）携带炸药、发射药、黑火药五百克以上或者烟火药一千克以上、雷管二十枚以上或者导火索、导爆索二十米以上的；

（四）携带的弹药、爆炸物在公共场所或者公共交通工具上发生爆炸或者燃烧，尚未造成严重后果的；

（五）具有其他严重情节的。

行为人非法携带本条第一款第（三）项规定的爆炸物进入公共场所或者公共交通工具，虽未达到上述数量标准，但拒不交出的，依照刑法第一百三十条的规定定罪处罚；携带的数量达到最低数量标准，能够主动、全部交出的，可不以犯罪论处。

第七条 非法制造、买卖、运输、邮寄、储存、盗窃、抢夺、持有、私藏、携带成套枪支散件的，以相应数量的枪支计；非成套枪支散件以每三十件为一成套枪支散件计。

第八条 刑法第一百二十五条第一款规定的“非法储存”，是指明知是他人非法制造、买卖、运输、邮寄的枪支、弹药而为其存放的行为，或者非法存放爆炸物的行为。

刑法第一百二十八条第一款规定的“非法持有”，是指不符合配备、配置枪支、弹药条件的人员，违反枪支管理法律、法规的规定，擅自持有枪支、弹药的行为。

刑法第一百二十八条第一款规定的“私藏”，是指依法配备、配置枪支、弹药的人员，在配备、配置枪支、弹药的条件消除后，违反枪支管理法律、法规的规定，私自藏匿所配备、配置的枪支、弹药且拒不交出的行为。

第九条 因筑路、建房、打井、整修宅基地和土地等正常生产、生活需要，以及因从事合法的生产经营活动而非法制造、买卖、运输、邮寄、储存爆炸物，数量达到本解释第一条规定标准，没有造成严重社会危害，并确有悔改表现的，可依法从轻处罚；情节轻微的，可以免除处罚。

具有前款情形，数量虽达到本解释第二条规定标准的，也可以不认定为刑法第一百二十五条第一款规定的“情节严重”。

在公共场所、居民区等人员集中区域非法制造、买卖、运输、邮寄、储存爆炸物，或者因非法制造、买卖、运输、邮寄、储存爆炸物三年内受到两次以上行政处罚又实施上述行为，数量达到本解释规定标准的，不适用前两款量刑的规定。

第十条 实施非法制造、买卖、运输、邮寄、储存、盗窃、抢夺、持有、私藏其他弹药、爆炸物品等行为，参照本解释有关条文规定的定罪量刑标准处罚。

火灾事故调查规定

1. 2009年4月30日公安部令第108号发布
2. 根据2012年7月17日公安部令第121号《关于修改〈火灾事故调查规定〉的决定》修订

第一章 总 则

第一条 为了规范火灾事故调查,保障公安机关消防机构依法履行职责,保护火灾当事人的合法权益,根据《中华人民共和国消防法》,制定本规定。

第二条 公安机关消防机构调查火灾事故,适用本规定。

第三条 火灾事故调查的任务是调查火灾原因,统计火灾损失,依法对火灾事故作出处理,总结火灾教训。

第四条 火灾事故调查应当坚持及时、客观、公正、合法的原则。

任何单位和个人不得妨碍和非法干预火灾事故调查。

第二章 管 辖

第五条 火灾事故调查由县级以上人民政府公安机关主管,并由本级公安机关消防机构实施;尚未设立公安机关消防机构的,由县级人民政府公安机关实施。

公安派出所应当协助公安机关火灾事故调查部门维护火灾现场秩序,保护现场,控制火灾肇事嫌疑人。

铁路、港航、民航公安机关和国有林区的森林公安机关消防机构负责调查其消防监督范围内发生的火灾。

第六条 火灾事故调查由火灾发生地公安机关消防机构按照下列分工进行：

（一）一次火灾死亡十人以上的，重伤二十人以上或者死亡、重伤二十人以上的，受灾五十户以上的，由省、自治区人民政府公安机关消防机构负责组织调查；

（二）一次火灾死亡一人以上的，重伤十人以上的，受灾三十户以上的，由设区的市或者相当于同级的人民政府公安机关消防机构负责组织调查；

（三）一次火灾重伤十人以下或者受灾三十户以下的，由县级人民政府公安机关消防机构负责调查。

直辖市人民政府公安机关消防机构负责组织调查一次火灾死亡三人以上的，重伤二十人以上或者死亡、重伤二十人以上的，受灾五十户以上的火灾事故，直辖市的区、县级人民政府公安机关消防机构负责调查其他火灾事故。

仅有财产损失的火灾事故调查，由省级人民政府公安机关结合本地实际作出管辖规定，报公安部备案。

第七条 跨行政区域的火灾，由最先起火地的公安机关消防机构按照本规定第六条的分工负责调查，相关行政区域的公安机关消防机构予以协助。

对管辖权发生争议的，报请共同的上一级公安机关消防机构指定管辖。县级人民政府公安机关负责实施的火灾事故调查管辖权发生争议的，由共同的上一级主管公安机关指定。

第八条 上级公安机关消防机构应当对下级公安机关消防机构火灾事故调查工作进行监督和指导。

上级公安机关消防机构认为必要时，可以调查下级公安机关消防机构管辖的火灾。

第九条 公安机关消防机构接到火灾报警，应当及时派员赶赴现场，并指派火灾事故调查人员开展火灾事故调查工作。

第十条 具有下列情形之一的，公安机关消防机构应当立即报告主管公安机关通知具有管辖权的公安机关刑侦部门，公安机关刑侦部门接到通知后应当立即派员赶赴现场参加调查；涉嫌放火罪的，公安机关刑侦部门应当依法立案侦查，公安机关消防机构予以协助：

（一）有人员死亡的火灾；

（二）国家机关、广播电台、电视台、学校、医院、养老院、托儿所、幼儿园、文物保护单位、邮政和通信、交通枢纽等部门和单位发生的社会影响大的火灾；

（三）具有放火嫌疑的火灾。

第十一条 军事设施发生火灾需要公安机关消防机构协助调查的，由省级人民政府公安机关消防机构或者公安部消防局调派火灾事故调查专家协助。

第三章 简易程序

第十二条 同时具有下列情形的火灾，可以适用简易调查程序：

（一）没有人员伤亡的；

（二）直接财产损失轻微的；

（三）当事人对火灾事故事实没有异议的；

（四）没有放火嫌疑的。

前款第二项的具体标准由省级人民政府公安机关确定，报公安部备案。

第十三条 适用简易调查程序的，可以由一名火灾事故调查人员调查，并按照下列程序实施：

（一）表明执法身份，说明调查依据；

（二）调查走访当事人、证人，了解火灾发生过程、火灾烧损的主要物品及建筑物受损等与火灾有关的情况；

（三）查看火灾现场并进行照相或者录像；

（四）告知当事人调查的火灾事故事实，听取当事人的意见，当事人提出的事实、理由或者证据成立的，应当采纳；

（五）当场制作火灾事故简易调查认定书，由火灾事故调查人员、当事人签字或者捺指印后交付当事人。

火灾事故调查人员应当在二日内将火灾事故简易调查认定书报所属公安机关消防机构备案。

第四章　一般程序

第一节　一般规定

第十四条　除依照本规定适用简易调查程序的外，公安机关消防机构对火灾进行调查时，火灾事故调查人员不得少于两人。必要时，可以聘请专家或者专业人员协助调查。

第十五条　公安部和省级人民政府公安机关应当成立火灾事故调查专家组，协助调查复杂、疑难的火灾。专家组的专家协助调查火灾的，应当出具专家意见。

第十六条　火灾发生地的县级公安机关消防机构应当根据火灾现场情况，排除现场险情，保障现场调查人员的安全，并初步划定现场封闭范围，设置警戒标志，禁止无关人员进入现场，控制火灾肇事嫌疑人。

公安机关消防机构应当根据火灾事故调查需要，及时调整现场封闭范围，并在现场勘验结束后及时解除现场封闭。

第十七条　封闭火灾现场的，公安机关消防机构应当在火灾现场对封闭的范围、时间和要求等予以公告。

第十八条　公安机关消防机构应当自接到火灾报警之日起三十日内作出火灾事故认定；情况复杂、疑难的，经上一级公安机关消防机构批准,可以延长三十日。

火灾事故调查中需要进行检验、鉴定的,检验、鉴定时间不计入调查期限。

第二节　现 场 调 查

第十九条　火灾事故调查人员应当根据调查需要,对发现、扑救火灾人员,熟悉起火场所、部位和生产工艺人员,火灾肇事嫌疑人和被侵害人等知情人员进行询问。对火灾肇事嫌疑人可以依法传唤。必要时,可以要求被询问人到火灾现场进行指认。

询问应当制作笔录,由火灾事故调查人员和被询问人签名或者捺指印。被询问人拒绝签名和捺指印的,应当在笔录中注明。

第二十条　勘验火灾现场应当遵循火灾现场勘验规则,采取现场照相或者录像、录音,制作现场勘验笔录和绘制现场图等方法记录现场情况。

对有人员死亡的火灾现场进行勘验的,火灾事故调查人员应当对尸体表面进行观察并记录,对尸体在火灾现场的位置进行调查。

现场勘验笔录应当由火灾事故调查人员、证人或者当事人签名。证人、当事人拒绝签名或者无法签名的,应当在现场勘验笔录上注明。现场图应当由制图人、审核人签字。

第二十一条　现场提取痕迹、物品,应当按照下列程序实施:

(一)量取痕迹、物品的位置、尺寸,并进行照相或者录像;

(二)填写火灾痕迹、物品提取清单,由提取人、证人或者当事人签名;证人、当事人拒绝签名或者无法签名的,应当在清单上注明;

(三)封装痕迹、物品,粘贴标签,标明火灾名称和封装痕迹、物品的名称、编号及其提取时间，由封装人、证人或者当事人签名；证人、当事人拒绝签名或者无法签名的，应当在标签上注明。

提取的痕迹、物品，应当妥善保管。

第二十二条 根据调查需要，经负责火灾事故调查的公安机关消防机构负责人批准，可以进行现场实验。现场实验应当照相或者录像，制作现场实验报告，并由实验人员签字。现场实验报告应当载明下列事项：

（一）实验的目的；

（二）实验时间、环境和地点；

（三）实验使用的仪器或者物品；

（四）实验过程；

（五）实验结果；

（六）其他与现场实验有关的事项。

第三节 检验、鉴定

第二十三条 现场提取的痕迹、物品需要进行专门性技术鉴定的，公安机关消防机构应当委托依法设立的鉴定机构进行，并与鉴定机构约定鉴定期限和鉴定检材的保管期限。

公安机关消防机构可以根据需要委托依法设立的价格鉴证机构对火灾直接财产损失进行鉴定。

第二十四条 有人员死亡的火灾，为了确定死因，公安机关消防机构应当立即通知本级公安机关刑事科学技术部门进行尸体检验。公安机关刑事科学技术部门应当出具尸体检验鉴定文书，确定死亡原因。

第二十五条 卫生行政主管部门许可的医疗机构具有执业资格的医生出具的诊断证明，可以作为公安机关消防机构认定人身

伤害程度的依据。但是,具有下列情形之一的,应当由法医进行伤情鉴定:

(一)受伤程度较重,可能构成重伤的;

(二)火灾受伤人员要求作鉴定的;

(三)当事人对伤害程度有争议的;

(四)其他应当进行鉴定的情形。

第二十六条 对受损单位和个人提供的由价格鉴证机构出具的鉴定意见,公安机关消防机构应当审查下列事项:

(一)鉴证机构、鉴证人是否具有资质、资格;

(二)鉴证机构、鉴证人是否盖章签名;

(三)鉴定意见依据是否充分;

(四)鉴定是否存在其他影响鉴定意见正确性的情形。

对符合规定的,可以作为证据使用;对不符合规定的,不予采信。

第四节 火灾损失统计

第二十七条 受损单位和个人应当于火灾扑灭之日起七日内向火灾发生地的县级公安机关消防机构如实申报火灾直接财产损失,并附有效证明材料。

第二十八条 公安机关消防机构应当根据受损单位和个人的申报、依法设立的价格鉴证机构出具的火灾直接财产损失鉴定意见以及调查核实情况,按照有关规定,对火灾直接经济损失和人员伤亡进行如实统计。

第五节 火灾事故认定

第二十九条 公安机关消防机构应当根据现场勘验、调查询问和有关检验、鉴定意见等调查情况,及时作出起火原因的认定。

第三十条 对起火原因已经查清的,应当认定起火时间、起火部位、起火点和起火原因;对起火原因无法查清的,应当认定起火时间、起火点或者起火部位以及有证据能够排除和不能排除的起火原因。

第三十一条 公安机关消防机构在作出火灾事故认定前,应当召集当事人到场,说明拟认定的起火原因,听取当事人意见;当事人不到场的,应当记录在案。

第三十二条 公安机关消防机构应当制作火灾事故认定书,自作出之日起七日内送达当事人,并告知当事人申请复核的权利。无法送达的,可以在作出火灾事故认定之日起七日内公告送达。公告期为二十日,公告期满即视为送达。

第三十三条 对较大以上的火灾事故或者特殊的火灾事故,公安机关消防机构应当开展消防技术调查,形成消防技术调查报告,逐级上报至省级人民政府公安机关消防机构,重大以上的火灾事故调查报告报公安部消防局备案。调查报告应当包括下列内容:

(一)起火场所概况;

(二)起火经过和火灾扑救情况;

(三)火灾造成的人员伤亡、直接经济损失统计情况;

(四)起火原因和灾害成因分析;

(五)防范措施。

火灾事故等级的确定标准按照公安部的有关规定执行。

第三十四条 公安机关消防机构作出火灾事故认定后,当事人可以申请查阅、复制、摘录火灾事故认定书、现场勘验笔录和检验、鉴定意见,公安机关消防机构应当自接到申请之日起七日内提供,但涉及国家秘密、商业秘密、个人隐私或者移交公安机关其他部门处理的依法不予提供,并说明理由。

第六节 复 核

第三十五条 当事人对火灾事故认定有异议的,可以自火灾事故认定书送达之日起十五日内,向上一级公安机关消防机构提出书面复核申请;对省级人民政府公安机关消防机构作出的火灾事故认定有异议的,向省级人民政府公安机关提出书面复核申请。

复核申请应当载明申请人的基本情况,被申请人的名称,复核请求,申请复核的主要事实、理由和证据,申请人的签名或者盖章,申请复核的日期。

第三十六条 复核机构应当自收到复核申请之日起七日内作出是否受理的决定并书面通知申请人。有下列情形之一的,不予受理:

(一)非火灾当事人提出复核申请的;

(二)超过复核申请期限的;

(三)复核机构维持原火灾事故认定或者直接作出火灾事故复核认定的;

(四)适用简易调查程序作出火灾事故认定的。

公安机关消防机构受理复核申请的,应当书面通知其他当事人,同时通知原认定机构。

第三十七条 原认定机构应当自接到通知之日起十日内,向复核机构作出书面说明,并提交火灾事故调查案卷。

第三十八条 复核机构应当对复核申请和原火灾事故认定进行书面审查,必要时,可以向有关人员进行调查;火灾现场尚存且未被破坏的,可以进行复核勘验。

复核审查期间,复核申请人撤回复核申请的,公安机关消防机构应当终止复核。

第三十九条 复核机构应当自受理复核申请之日起三十日内，作出复核决定，并按照本规定第三十二条规定的时限送达申请人、其他当事人和原认定机构。对需要向有关人员进行调查或者火灾现场复核勘验的，经复核机构负责人批准，复核期限可以延长三十日。

原火灾事故认定主要事实清楚、证据确实充分、程序合法，起火原因认定正确的，复核机构应当维持原火灾事故认定。

原火灾事故认定具有下列情形之一的，复核机构应当直接作出火灾事故复核认定或者责令原认定机构重新作出火灾事故认定，并撤销原认定机构作出的火灾事故认定：

（一）主要事实不清，或者证据不确实充分的；

（二）违反法定程序，影响结果公正的；

（三）认定行为存在明显不当，或者起火原因认定错误的；

（四）超越或者滥用职权的。

第四十条 原认定机构接到重新作出火灾事故认定的复核决定后，应当重新调查，在十五日内重新作出火灾事故认定。

复核机构直接作出火灾事故认定和原认定机构重新作出火灾事故认定前，应当向申请人、其他当事人说明重新认定情况；原认定机构重新作出的火灾事故认定书，应当按照本规定第三十二条规定的时限送达当事人，并报复核机构备案。

复核以一次为限。当事人对原认定机构重新作出的火灾事故认定，可以按照本规定第三十五条的规定申请复核。

第五章 火灾事故调查的处理

第四十一条 公安机关消防机构在火灾事故调查过程中，应当根据下列情况分别作出处理：

（一）涉嫌失火罪、消防责任事故罪的，按照《公安机关办理刑事案件程序规定》立案侦查；涉嫌其他犯罪的，及时移送有关主管部门办理；

（二）涉嫌消防安全违法行为的，按照《公安机关办理行政案件程序规定》调查处理；涉嫌其他违法行为的，及时移送有关主管部门调查处理；

（三）依照有关规定应当给予处分的，移交有关主管部门处理。

对经过调查不属于火灾事故的，公安机关消防机构应当告知当事人处理途径并记录在案。

第四十二条 公安机关消防机构向有关主管部门移送案件的，应当在本级公安机关消防机构负责人批准后的二十四小时内移送，并根据案件需要附下列材料：

（一）案件移送通知书；

（二）案件调查情况；

（三）涉案物品清单；

（四）询问笔录，现场勘验笔录，检验、鉴定意见以及照相、录像、录音等资料；

（五）其他相关材料。

构成放火罪需要移送公安机关刑侦部门处理的，火灾现场应当一并移交。

第四十三条 公安机关其他部门应当自接受公安机关消防机构移送的涉嫌犯罪案件之日起十日内，进行审查并作出决定。依法决定立案的，应当书面通知移送案件的公安机关消防机构；依法不予立案的，应当说明理由，并书面通知移送案件的公安机关消防机构，退回案卷材料。

第四十四条 公安机关消防机构及其工作人员有下列行为之一的，依照有关规定给予责任人员处分；构成犯罪的，依法追究刑事责任：

（一）指使他人错误认定或者故意错误认定起火原因的；

（二）瞒报火灾、火灾直接经济损失、人员伤亡情况的；

（三）利用职务上的便利，索取或者非法收受他人财物的；

（四）其他滥用职权、玩忽职守、徇私舞弊的行为。

第六章　附　　则

第四十五条　本规定中下列用语的含义：

（一）“当事人”，是指与火灾发生、蔓延和损失有直接利害关系的单位和个人。

（二）“户”，用于统计居民、村民住宅火灾，按照公安机关登记的家庭户统计。

（三）本规定中十五日以内（含本数）期限的规定是指工作日，不含法定节假日。

（四）本规定所称的“以上”含本数、本级，“以下”不含本数。

第四十六条　火灾事故调查中有关回避、证据、调查取证、鉴定等要求，本规定没有规定的，按照《公安机关办理行政案件程序规定》执行。

第四十七条　执行本规定所需要的法律文书式样，由公安部制定。

第四十八条　本规定自2009年5月1日起施行。1999年3月15日发布施行的《火灾事故调查规定》（公安部令第37号）和2008年3月18日发布施行的《火灾事故调查规定修正案》（公安部令第100号）同时废止。

消防安全责任制实施办法

1. 2017年10月29日国务院办公厅印发
2. 国办发〔2017〕87号

第一章 总 则

第一条 为深入贯彻《中华人民共和国消防法》、《中华人民共和国安全生产法》和党中央、国务院关于安全生产及消防安全的重要决策部署，按照政府统一领导、部门依法监管、单位全面负责、公民积极参与的原则，坚持党政同责、一岗双责、齐抓共管、失职追责，进一步健全消防安全责任制，提高公共消防安全水平，预防火灾和减少火灾危害，保障人民群众生命财产安全，制定本办法。

第二条 地方各级人民政府负责本行政区域内的消防工作，政府主要负责人为第一责任人，分管负责人为主要责任人，班子其他成员对分管范围内的消防工作负领导责任。

第三条 国务院公安部门对全国的消防工作实施监督管理。县级以上地方人民政府公安机关对本行政区域内的消防工作实施监督管理。县级以上人民政府其他有关部门按照管行业必须管安全、管业务必须管安全、管生产经营必须管安全的要求，在各自职责范围内依法依规做好本行业、本系统的消防安全工作。

第四条 坚持安全自查、隐患自除、责任自负。机关、团体、企业、事业等单位是消防安全的责任主体，法定代表人、主要负责人或实际控制人是本单位、本场所消防安全责任人，对本单位、本场所消防安全全面负责。

消防安全重点单位应当确定消防安全管理人，组织实施本单位的消防安全管理工作。

第五条 坚持权责一致、依法履职、失职追责。对不履行或不按规定履行消防安全职责的单位和个人，依法依规追究责任。

第二章 地方各级人民政府消防工作职责

第六条 县级以上地方各级人民政府应当落实消防工作责任制，履行下列职责：

（一）贯彻执行国家法律法规和方针政策，以及上级党委、政府关于消防工作的部署要求，全面负责本地区消防工作，每年召开消防工作会议，研究部署本地区消防工作重大事项。每年向上级人民政府专题报告本地区消防工作情况。健全由政府主要负责人或分管负责人牵头的消防工作协调机制，推动落实消防工作责任。

（二）将消防工作纳入经济社会发展总体规划，将包括消防安全布局、消防站、消防供水、消防通信、消防车通道、消防装备等内容的消防规划纳入城乡规划，并负责组织实施，确保消防工作与经济社会发展相适应。

（三）督促所属部门和下级人民政府落实消防安全责任制，在农业收获季节、森林和草原防火期间、重大节假日和重要活动期间以及火灾多发季节，组织开展消防安全检查。推动消防科学研究和技术创新，推广使用先进消防和应急救援技术、设备。组织开展经常性的消防宣传工作。大力发展消防公益事业。采取政府购买公共服务等方式，推进消防教育培训、技术服务和物防、技防等工作。

（四）建立常态化火灾隐患排查整治机制，组织实施重大火灾隐患和区域性火灾隐患整治工作。实行重大火灾隐患挂牌督办制度。对报请挂牌督办的重大火灾隐患和停产停业整改报告,在7个工作日内作出同意或不同意的决定,并组织有关部门督促隐患单位采取措施予以整改。

（五）依法建立公安消防队和政府专职消防队。明确政府专职消防队公益属性,采取招聘、购买服务等方式招录政府专职消防队员,建设营房,配齐装备;按规定落实其工资、保险和相关福利待遇。

（六）组织领导火灾扑救和应急救援工作。组织制定灭火救援应急预案,定期组织开展演练;建立灭火救援社会联动和应急反应处置机制,落实人员、装备、经费和灭火药剂等保障,根据需要调集灭火救援所需工程机械和特殊装备。

（七）法律、法规、规章规定的其他消防工作职责。

第七条 省、自治区、直辖市人民政府除履行第六条规定的职责外,还应当履行下列职责:

（一）定期召开政府常务会议、办公会议,研究部署消防工作。

（二）针对本地区消防安全特点和实际情况,及时提请同级人大及其常委会制定、修订地方性法规,组织制定、修订政府规章、规范性文件。

（三）将消防安全的总体要求纳入城市总体规划,并严格审核。

（四）加大消防投入,保障消防事业发展所需经费。

第八条 市、县级人民政府除履行第六条规定的职责外,还应当履行下列职责:

（一）定期召开政府常务会议、办公会议,研究部署消防工作。

（二）科学编制和严格落实城乡消防规划，预留消防队站、训练设施等建设用地。加强消防水源建设，按照规定建设市政消防供水设施，制定市政消防水源管理办法，明确建设、管理维护部门和单位。

（三）在本级政府预算中安排必要的资金，保障消防站、消防供水、消防通信等公共消防设施和消防装备建设，促进消防事业发展。

（四）将消防公共服务事项纳入政府民生工程或为民办实事工程；在社会福利机构、幼儿园、托儿所、居民家庭、小旅馆、群租房以及住宿与生产、储存、经营合用的场所推广安装简易喷淋装置、独立式感烟火灾探测报警器。

（五）定期分析评估本地区消防安全形势，组织开展火灾隐患排查整治工作；对重大火灾隐患，应当组织有关部门制定整改措施，督促限期消除。

（六）加强消防宣传教育培训，有计划地建设公益性消防科普教育基地，开展消防科普教育活动。

（七）按照立法权限，针对本地区消防安全特点和实际情况，及时提请同级人大及其常委会制定、修订地方性法规，组织制定、修订地方政府规章、规范性文件。

第九条 乡镇人民政府消防工作职责：

（一）建立消防安全组织，明确专人负责消防工作，制定消防安全制度，落实消防安全措施。

（二）安排必要的资金，用于公共消防设施建设和业务经费支出。

（三）将消防安全内容纳入镇总体规划、乡规划，并严格组织实施。

（四）根据当地经济发展和消防工作的需要建立专职消防

队、志愿消防队，承担火灾扑救、应急救援等职能，并开展消防宣传、防火巡查、隐患查改。

（五）因地制宜落实消防安全“网格化”管理的措施和要求，加强消防宣传和应急疏散演练。

（六）部署消防安全整治，组织开展消防安全检查，督促整改火灾隐患。

（七）指导村（居）民委员会开展群众性的消防工作，确定消防安全管理人，制定防火安全公约，根据需要建立志愿消防队或微型消防站，开展防火安全检查、消防宣传教育和应急疏散演练，提高城乡消防安全水平。

街道办事处应当履行前款第（一）、（四）、（五）、（六）、（七）项职责，并保障消防工作经费。

第十条 开发区管理机构、工业园区管理机构等地方人民政府的派出机关，负责管理区域内的消防工作，按照本办法履行同级别人民政府的消防工作职责。

第十一条 地方各级人民政府主要负责人应当组织实施消防法律法规、方针政策和上级部署要求，定期研究部署消防工作，协调解决本行政区域内的重大消防安全问题。

地方各级人民政府分管消防安全的负责人应当协助主要负责人，综合协调本行政区域内的消防工作，督促检查各有关部门、下级政府落实消防工作的情况。班子其他成员要定期研究部署分管领域的消防工作，组织工作督查，推动分管领域火灾隐患排查整治。

第三章 县级以上人民政府工作部门消防安全职责

第十二条 县级以上人民政府工作部门应当按照谁主管、谁负责的原则，在各自职责范围内履行下列职责：

（一）根据本行业、本系统业务工作特点，在行业安全生产法规政策、规划计划和应急预案中纳入消防安全内容，提高消防安全管理水平。

（二）依法督促本行业、本系统相关单位落实消防安全责任制，建立消防安全管理制度，确定专（兼）职消防安全管理人员，落实消防工作经费；开展针对性消防安全检查治理，消除火灾隐患；加强消防宣传教育培训，每年组织应急演练，提高行业从业人员消防安全意识。

（三）法律、法规和规章规定的其他消防安全职责。

第十三条 具有行政审批职能的部门，对审批事项中涉及消防安全的法定条件要依法严格审批，凡不符合法定条件的，不得核发相关许可证照或批准开办。对已经依法取得批准的单位，不再具备消防安全条件的应当依法予以处理。

（一）公安机关负责对消防工作实施监督管理，指导、督促机关、团体、企业、事业等单位履行消防工作职责。依法实施建设工程消防设计审核、消防验收，开展消防监督检查，组织针对性消防安全专项治理，实施消防行政处罚。组织和指挥火灾现场扑救，承担或参加重大灾害事故和其他以抢救人员生命为主的应急救援工作。依法组织或参与火灾事故调查处理工作，办理失火罪和消防责任事故罪案件。组织开展消防宣传教育培训和应急疏散演练。

（二）教育部门负责学校、幼儿园管理中的行业消防安全。指导学校消防安全教育宣传工作，将消防安全教育纳入学校安全教育活动统筹安排。

（三）民政部门负责社会福利、特困人员供养、救助管理、未成年人保护、婚姻、殡葬、救灾物资储备、烈士纪念、军休军供、优抚医院、光荣院、养老机构等民政服务机构审批或管理中的行业消防安全。

（四）人力资源社会保障部门负责职业培训机构、技工院校审批或管理中的行业消防安全。做好政府专职消防队员、企业专职消防队员依法参加工伤保险工作。将消防法律法规和消防知识纳入公务员培训、职业培训内容。

（五）城乡规划管理部门依据城乡规划配合制定消防设施布局专项规划，依据规划预留消防站规划用地，并负责监督实施。

（六）住房城乡建设部门负责依法督促建设工程责任单位加强对房屋建筑和市政基础设施工程建设的安全管理，在组织制定工程建设规范以及推广新技术、新材料、新工艺时，应充分考虑消防安全因素，满足有关消防安全性能及要求。

（七）交通运输部门负责在客运车站、港口、码头及交通工具管理中依法督促有关单位落实消防安全主体责任和有关消防工作制度。

（八）文化部门负责文化娱乐场所审批或管理中的行业消防安全工作，指导、监督公共图书馆、文化馆（站）、剧院等文化单位履行消防安全职责。

（九）卫生计生部门负责医疗卫生机构、计划生育技术服务机构审批或管理中的行业消防安全。

（十）工商行政管理部门负责依法对流通领域消防产品质量实施监督管理，查处流通领域消防产品质量违法行为。

（十一）质量技术监督部门负责依法督促特种设备生产单位加强特种设备生产过程中的消防安全管理，在组织制定特种设备产品及使用标准时，应充分考虑消防安全因素，满足有关消防安全性能及要求，积极推广消防新技术在特种设备产品中的应用。按照职责分工对消防产品质量实施监督管理,依法查处消防产品质量违法行为。做好消防安全相关标准制修订工作,负责消防相关产品质量认证监督管理工作。

(十二)新闻出版广电部门负责指导新闻出版广播影视机构消防安全管理,协助监督管理印刷业、网络视听节目服务机构消防安全。督促新闻媒体发布针对性消防安全提示,面向社会开展消防宣传教育。

(十三)安全生产监督管理部门要严格依法实施有关行政审批,凡不符合法定条件的,不得核发有关安全生产许可。

第十四条 具有行政管理或公共服务职能的部门,应当结合本部门职责为消防工作提供支持和保障。

(一)发展改革部门应当将消防工作纳入国民经济和社会发展中长期规划。地方发展改革部门应当将公共消防设施建设列入地方固定资产投资计划。

(二)科技部门负责将消防科技进步纳入科技发展规划和中央财政科技计划(专项、基金等)并组织实施。组织指导消防安全重大科技攻关、基础研究和应用研究,会同有关部门推动消防科研成果转化应用。将消防知识纳入科普教育内容。

(三)工业和信息化部门负责指导督促通信业、通信设施建设以及民用爆炸物品生产、销售的消防安全管理。依据职责负责危险化学品生产、储存的行业规划和布局。将消防产业纳入应急产业同规划、同部署、同发展。

(四)司法行政部门负责指导监督监狱系统、司法行政系统强制隔离戒毒场所的消防安全管理。将消防法律法规纳入普法教育内容。

(五)财政部门负责按规定对消防资金进行预算管理。

(六)商务部门负责指导、督促商贸行业的消防安全管理工作。

（七）房地产管理部门负责指导、督促物业服务企业按照合同约定做好住宅小区共用消防设施的维护管理工作，并指导业主依照有关规定使用住宅专项维修资金对住宅小区共用消防设施进行维修、更新、改造。

（八）电力管理部门依法对电力企业和用户执行电力法律、行政法规的情况进行监督检查，督促企业严格遵守国家消防技术标准，落实企业主体责任。推广采用先进的火灾防范技术设施，引导用户规范用电。

（九）燃气管理部门负责加强城镇燃气安全监督管理工作，督促燃气经营者指导用户安全用气并对燃气设施定期进行安全检查、排除隐患，会同有关部门制定燃气安全事故应急预案，依法查处燃气经营者和燃气用户等各方主体的燃气违法行为。

（十）人防部门负责对人民防空工程的维护管理进行监督检查。

（十一）文物部门负责文物保护单位、世界文化遗产和博物馆的行业消防安全管理。

（十二）体育、宗教事务、粮食等部门负责加强体育类场馆、宗教活动场所、储备粮储存环节等消防安全管理，指导开展消防安全标准化管理。

（十三）银行、证券、保险等金融监管机构负责督促银行业金融机构、证券业机构、保险机构及服务网点、派出机构落实消防安全管理。保险监管机构负责指导保险公司开展火灾公众责任保险业务，鼓励保险机构发挥火灾风险评估管控和火灾事故预防功能。

（十四）农业、水利、交通运输等部门应当将消防水源、消防车通道等公共消防设施纳入相关基础设施建设工程。

（十五）互联网信息、通信管理等部门应当指导网站、移动互联网媒体等开展公益性消防安全宣传。

（十六）气象、水利、地震部门应当及时将重大灾害事故预警信息通报公安消防部门。

（十七）负责公共消防设施维护管理的单位应当保持消防供水、消防通信、消防车通道等公共消防设施的完好有效。

第四章　单位消防安全职责

第十五条　机关、团体、企业、事业等单位应当落实消防安全主体责任，履行下列职责：

（一）明确各级、各岗位消防安全责任人及其职责，制定本单位的消防安全制度、消防安全操作规程、灭火和应急疏散预案。定期组织开展灭火和应急疏散演练，进行消防工作检查考核，保证各项规章制度落实。

（二）保证防火检查巡查、消防设施器材维护保养、建筑消防设施检测、火灾隐患整改、专职或志愿消防队和微型消防站建设等消防工作所需资金的投入。生产经营单位安全费用应当保证适当比例用于消防工作。

（三）按照相关标准配备消防设施、器材，设置消防安全标志，定期检验维修，对建筑消防设施每年至少进行一次全面检测，确保完好有效。设有消防控制室的，实行 24 小时值班制度，每班不少于 2 人，并持证上岗。

（四）保障疏散通道、安全出口、消防车通道畅通，保证防火防烟分区、防火间距符合消防技术标准。人员密集场所的门窗不得设置影响逃生和灭火救援的障碍物。保证建筑构件、建筑材料和室内装修装饰材料等符合消防技术标准。

（五）定期开展防火检查、巡查，及时消除火灾隐患。

（六）根据需要建立专职或志愿消防队、微型消防站，加强队伍建设，定期组织训练演练，加强消防装备配备和灭火药剂储备，建立与公安消防队联勤联动机制，提高扑救初起火灾能力。

（七）消防法律、法规、规章以及政策文件规定的其他职责。

第十六条 消防安全重点单位除履行第十五条规定的职责外，还应当履行下列职责：

（一）明确承担消防安全管理工作的机构和消防安全管理人并报知当地公安消防部门，组织实施本单位消防安全管理。消防安全管理人应当经过消防培训。

（二）建立消防档案，确定消防安全重点部位，设置防火标志，实行严格管理。

（三）安装、使用电器产品、燃气用具和敷设电气线路、管线必须符合相关标准和用电、用气安全管理规定，并定期维护保养、检测。

（四）组织员工进行岗前消防安全培训，定期组织消防安全培训和疏散演练。

（五）根据需要建立微型消防站，积极参与消防安全区域联防联控，提高自防自救能力。

（六）积极应用消防远程监控、电气火灾监测、物联网技术等技防物防措施。

第十七条 对容易造成群死群伤火灾的人员密集场所、易燃易爆单位和高层、地下公共建筑等火灾高危单位，除履行第十五条、第十六条规定的职责外，还应当履行下列职责：

（一）定期召开消防安全工作例会，研究本单位消防工作，处理涉及消防经费投入、消防设施设备购置、火灾隐患整改等重大问题。

（二）鼓励消防安全管理人取得注册消防工程师执业资格，消防安全责任人和特有工种人员须经消防安全培训；自动消防设施操作人员应取得建（构）筑物消防员资格证书。

（三）专职消防队或微型消防站应当根据本单位火灾危险特性配备相应的消防装备器材，储备足够的灭火救援药剂和物资，定期组织消防业务学习和灭火技能训练。

（四）按照国家标准配备应急逃生设施设备和疏散引导器材。

（五）建立消防安全评估制度，由具有资质的机构定期开展评估，评估结果向社会公开。

（六）参加火灾公众责任保险。

第十八条 同一建筑物由两个以上单位管理或使用的，应当明确各方的消防安全责任，并确定责任人对共用的疏散通道、安全出口、建筑消防设施和消防车通道进行统一管理。

物业服务企业应当按照合同约定提供消防安全防范服务，对管理区域内的共用消防设施和疏散通道、安全出口、消防车通道进行维护管理，及时劝阻和制止占用、堵塞、封闭疏散通道、安全出口、消防车通道等行为，劝阻和制止无效的，立即向公安机关等主管部门报告。定期开展防火检查巡查和消防宣传教育。

第十九条 石化、轻工等行业组织应当加强行业消防安全自律管理，推动本行业消防工作，引导行业单位落实消防安全主体责任。

第二十条 消防设施检测、维护保养和消防安全评估、咨询、监测等消防技术服务机构和执业人员应当依法获得相应的资质、资格，依法依规提供消防安全技术服务，并对服务质量负责。

第二十一条 建设工程的建设、设计、施工和监理等单位应当遵守消防法律、法规、规章和工程建设消防技术标准，在工程设计使用年限内对工程的消防设计、施工质量承担终身责任。

第五章　责任落实

第二十二条　国务院每年组织对省级人民政府消防工作完成情况进行考核，考核结果交由中央干部主管部门，作为对各省级人民政府主要负责人和领导班子综合考核评价的重要依据。

第二十三条　地方各级人民政府应当建立健全消防工作考核评价体系，明确消防工作目标责任，纳入日常检查、政务督查的重要内容，组织年度消防工作考核，确保消防安全责任落实。加强消防工作考核结果运用，建立与主要负责人、分管负责人和直接责任人履职评定、奖励惩处相挂钩的制度。

第二十四条　地方各级消防安全委员会、消防安全联席会议等消防工作协调机制应当定期召开成员单位会议，分析研判消防安全形势，协调指导消防工作开展，督促解决消防工作重大问题。

第二十五条　各有关部门应当建立单位消防安全信用记录，纳入全国信用信息共享平台，作为信用评价、项目核准、用地审批、金融扶持、财政奖补等方面的参考依据。

第二十六条　公安机关及其工作人员履行法定消防工作职责时，应当做到公正、严格、文明、高效。

公安机关及其工作人员进行消防设计审核、消防验收和消防安全检查等，不得收取费用，不得谋取利益，不得利用职务指定或者变相指定消防产品的品牌、销售单位或者消防技术服务机构、消防设施施工单位。

国务院公安部门要加强对各地公安机关及其工作人员进行消防设计审核、消防验收和消防安全检查等行为的监督管理。

第二十七条 地方各级人民政府和有关部门不依法履行职责，在涉及消防安全行政审批、公共消防设施建设、重大火灾隐患整改、消防力量发展等方面工作不力、失职渎职的，依法依规追究有关人员的责任，涉嫌犯罪的，移送司法机关处理。

第二十八条 因消防安全责任不落实发生一般及以上火灾事故的，依法依规追究单位直接责任人、法定代表人、主要负责人或实际控制人的责任，对履行职责不力、失职渎职的政府及有关部门负责人和工作人员实行问责，涉嫌犯罪的，移送司法机关处理。

发生造成人员死亡或产生社会影响的一般火灾事故的，由事故发生地县级人民政府负责组织调查处理；发生较大火灾事故的，由事故发生地设区的市级人民政府负责组织调查处理；发生重大火灾事故的，由事故发生地省级人民政府负责组织调查处理；发生特别重大火灾事故的，由国务院或国务院授权有关部门负责组织调查处理。

第六章　附　　则

第二十九条 具有固定生产经营场所的个体工商户，参照本办法履行单位消防安全职责。

第三十条 微型消防站是单位、社区组建的有人员、有装备，具备扑救初起火灾能力的志愿消防队。具体标准由公安消防部门确定。

第三十一条 本办法自印发之日起施行。地方各级人民政府、国务院有关部门等可结合实际制定具体实施办法。

附　　录

附录一　指导案例

指导案例 59 号
戴世华诉济南市公安消防支队消防验收纠纷案

（最高人民法院审判委员会讨论通过
2016 年 5 月 20 日发布）

关键词　行政诉讼　受案范围　行政确认　消防验收　备案结果通知

裁判要点

建设工程消防验收备案结果通知含有消防竣工验收是否合格的评定，具有行政确认的性质，当事人对公安机关消防机构的消防验收备案结果通知行为提起行政诉讼的，人民法院应当依法予以受理。

相关法条

《中华人民共和国消防法》第 4 条、第 13 条

基本案情

原告戴世华诉称：原告所住单元一梯四户，其居住的 801 室坐东朝西，进户门朝外开启。距离原告门口 0.35 米处的南墙挂有高 1.6 米、宽 0.7 米、厚 0.25 米的消火栓。人员入室需后退避

让，等门扇开启后再前行入室。原告的门扇开不到60至70度根本出不来。消防栓的设置和建设影响原告的生活。请求依法撤销被告济南市公安消防支队批准在其门前设置的消防栓通过验收的决定；依法判令被告责令报批单位依据国家标准限期整改。

被告济南市公安消防支队辩称：建设工程消防验收备案结果通知是按照建设工程消防验收评定标准完成工程检查，是检查记录的体现。如果备案结果合格，则表明建设工程是符合相关消防技术规范的；如果不合格，公安机关消防机构将依法采取措施，要求建设单位整改有关问题，其性质属于技术性验收，并不是一项独立、完整的具体行政行为，不具有可诉性，不属于人民法院行政诉讼的受案范围，请求驳回原告的起诉。

法院经审理查明：针对戴世华居住的馆驿街以南棚户区改造工程1-8号楼及地下车库工程，济南市公安消防支队对其消防设施抽查后，于2011年11月21日作出济公消验备[2011]第0172号《建设工程消防验收备案结果通知》。

裁判结果

济南高新技术产业开发区人民法院于2012年11月13日作出(2012)高行初字第2号行政裁定，驳回原告戴世华的起诉。戴世华不服一审裁定提起上诉。济南市中级人民法院经审理，于2013年1月17日作出(2012)济行终字第223号行政裁定：一、撤销济南高新技术产业开发区人民法院作出的(2012)高行初字第2号行政裁定；二、本案由济南高新技术产业开发区人民法院继续审理。

裁判理由

法院生效裁判认为：关于行为的性质。《中华人民共和国消防法》(以下简称《消防法》)第四条规定："县级以上地方人民政府公安机关对本行政区域内的消防工作实施监督管理，并由本级人民政府公安机关消防机构负责实施。”《公安部建设工程消防监督管理规定》第三条第二款规定:“公安机关消防机构依法实施建设工程消防设计审核、消防验收和备案、抽查,对建设工程进行消防监督。”第二十四条规定:“对本规定第十三条、第十四条规定以外的建设工程,建设单位应当在取得施工许可、工程竣工验收合格之日起七日内,通过省级公安机关消防机构网站进行消防设计、竣工验收消防备案,或者到公安机关消防机构业务受理场所进行消防设计、竣工验收消防备案。”上述规定表明,建设工程消防验收备案就是特定的建设工程施工人向公安机关消防机构报告工程完成验收情况,消防机构予以登记备案,以供消防机构检查和监督,备案行为是公安机关消防机构对建设工程实施消防监督和管理的行为。消防机构实施的建设工程消防备案、抽查的行为具有行使行政职权的性质,体现出国家意志性、法律性、公益性、专属性和强制性,备案结果通知是备案行为的组成部分,是备案行为结果的具体表现形式,也具有上述行政职权的特性,应该纳入司法审查的范围。

关于行为的后果。《消防法》第十三条规定:“按照国家工程建设消防技术标准需要进行消防设计的建设工程竣工,依照下列规定进行消防验收、备案:……(二)其他建设工程,建设单位在验收后应当报公安机关消防机构备案,公安机关消防机构应当进行抽查。依法应当进行消防验收的建设工程,未经消防验收或者消防验收不合格的,禁止投入使用;其他建设工程经依法抽查不合格的,应当停止使用。”公安部《建设工程消防监督管理规定》第二十五条规定:“公安机关消防机构应当在已经备案的消防设计、竣工验收工程中,随机确定检查对象并向社会公告。对确定为检查对象的,公安机关消防机构应当在二十日内按照消防法规和国家工程建设消防技术标准完成图纸检查,或者按照建设工程消防验收评定标准完成工程检查,制作检查记录。检查结果应当向社会公告,检查不合格的,还应当书面通知建设单位。建设单位收到通知后,应当停止施工或者停止使用,组织整改后向公安机关消防机构申请复查。公安机关消防机构应当在收到书面申请之日起二十日内进行复查并出具书面复查意见。”上述规定表明,在竣工验收备案行为中,公安机关消防机构并非仅仅是简单地接受建设单位向其报送的相关资料,还要对备案资料进行审查,完成工程检查。消防机构实施的建设工程消防备案、抽查的行为能产生行政法上的拘束力。对建设单位而言,在工程竣工验收后应当到公安机关消防机构进行验收备案,否则,应当承担相应的行政责任,消防设施经依法抽查不合格的,应当停止使用,并组织整改;对公安机关消防机构而言,备案结果中有抽查是否合格的评定,实质上是一种行政确认行为,即公安机关消防机构对行政相对人的法律事实、法律关系予以认定、确认的行政行为,一旦消防设施被消防机构评定为合格,那就视为消防机构在事实上确认了消防工程质量合格,行政相关人也将受到该行为的拘束。

据此,法院认为作出建设工程消防验收备案通知,是对建设工程消防设施质量监督管理的最后环节,备案结果通知含有消防竣工验收是否合格的评定,具有行政确认的性质,是公安机关消防机构作出的具体行政行为。备案手续的完成能产生行政法上的拘束力。故备案行为是可诉的行政行为,人民法院可以对其进行司法审查。原审裁定认为建设工程消防验收备案结果通知性质属于技术性验收通知,不是具体行政行为,并据此驳回上诉人戴世华的起诉,确有不当。

(生效裁判审判人员:张极峰、孙继发、单蕾)

附录二　典型案例

李某远危险作业案

——关闭消防安全设备“现实危险”的把握标准①

一、基本案情

被告人李某远，男，汉族，1975年10月9日出生，浙江省永康市雅某酒店用品有限公司（以下简称雅某公司）负责人。

2020年，雅某公司因安全生产需要，在油漆仓库、危废仓库等生产作业区域安装了可燃气体报警器。2021年10月以来，李某远在明知关闭可燃气体报警器会导致无法实时监测生产过程中释放的可燃气体浓度，安全生产存在重大隐患情况下，为节约生产开支而擅自予以关闭。2022年5月10日，雅某公司作业区域发生火灾。同年5月16日至17日，消防部门对雅某公司进行检查发现该公司存在擅自停用可燃气体报警装置等影响安全生产问题，且在上述关闭可燃气体报警器区域内发现存放有朗格牌清味底漆固化剂10桶、首邦漆A2固化剂16桶、首邦漆五分哑耐磨爽滑清面漆16桶等大量油漆、稀释剂，遂责令该公司立即整改，并将上述案件线索移送永康市公安局。经检验，上述清面漆、固化剂均系易燃液体，属于危险化学品。

二、处理结果

浙江省永康市人民检察院依托数据应用平台通过大数据筛

① 本文摘自最高人民法院官网，网址：https://www.court.gov.cn/zixun-xiangqing-383601.html。

查发现，消防部门移送公安机关的李某远危险作业案一直未予立案。经进一步调取查阅相关案卷材料，永康市人民检察院认为李某远的行为已经涉嫌危险作业罪，依法要求公安机关说明不立案理由。永康市公安局经重新审查后决定立案侦查，立案次日再次对雅某公司现场检查发现，该公司虽然清理了仓库内的清面漆、固化剂等危险化学品，但可燃气体报警装置仍处于关闭状态。永康市公安局以李某远涉嫌危险作业罪移送永康市人民检察院审查起诉。

永康市人民检察院经审查认为，李某远擅自关闭可燃气体报警器的行为，具有发生重大伤亡事故或其他严重后果的现实危险：一是关闭可燃气体报警装置存在重大安全隐患。《建筑设计防火规范》(2018 年版)明确，建筑内可能散发可燃气体、可燃蒸气的场所应设置可燃气体报警装置。本案现场虽按规定设置了可燃气体报警装置，但李某远在得知现场可燃气体浓度超标会引发报警装置报警后，为了节省生产开支，未及时采取措施降低现场可燃气体浓度，而是直接关闭停用报警装置，导致企业的生产安全面临重大隐患。二是“危险”具有现实性。涉案现场不仅堆放了 3 瓶瓶装液化天然气(其中 1 瓶处于使用状态)，还堆放了大量油漆、固化剂等危险化学品以及数吨油漆渣等危废物，企业的车间喷漆中也会产生大量挥发性可燃气体，一旦遇到明火或者浓度达到一定临界值，将引发火灾或者爆炸事故。三是“危险”具有紧迫性。案发前，涉案厂区曾发生过火灾，客观上已经出现了“小事故”，之所以没有发生重大伤亡等严重后果，只是因为在发生重大险情的时段，喷漆车间已经连续几天停止作业，相关区域的可燃气体浓度恰好没有达到临界值，且发现及时得以迅速扑灭，属于由于偶然因素侥幸避免。经消防检查，当即明确提出企业存在“擅自停用可燃气体报警装置”等消防安全隐患，但李某远一直未予整改。永康市人民检察院以危险作业罪对李某远提起公诉。

永康市人民法院以危险作业罪判处李某远有期徒刑八个月。宣判后无上诉、抗诉，判决已生效。

三、典型意义

根据刑法第134条之一规定，危险作业罪中“具有发生重大伤亡事故或者其他严重后果的现实危险”，是指客观存在的、紧迫的危险，这种危险未及时消除、持续存在，将可能随时导致发生重大伤亡事故或者其他严重后果。司法实践中，是否属于“具有发生重大伤亡事故或者其他严重后果的现实危险”，应当结合行业属性、行为对象、现场环境、违规行为严重程度、纠正整改措施的及时性和有效性等具体因素，进行综合判断。司法机关在办理具体案件过程中要准确把握立法原意，对于行为人关闭、破坏直接关系生产安全的监控、报警、防护、救生设备、设施，已经出现重大险情，或者发生了“小事故”，由于偶然性的客观原因而未造成重大严重后果的情形，可以认定为“具有发生重大伤亡事故或者其他严重后果的现实危险”。

海南省人民检察院督促整治液化天然气安全隐患行政公益诉讼案①

【关键词】

行政公益诉讼诉前程序　安全生产　液化天然气点供　一体化办案

【要旨】

近年来全国燃气事故多发频发，燃气行业安全生产隐患的排

① 本文摘自最高人民检察院官网，网址：https://www.spp.gov.cn/xwfbh/wsfbt/202212/t20221216_595705.shtml#2。

查整改和防患于未然尤为紧迫和重要。检察机关督促相关职能部门依法履行燃气和危险化学品监督管理职责，及时消除安全隐患，化解重大安全风险，堵塞安全监管漏洞，确保安全生产各项政策和规定落到实处、见到实效。

【基本案情】

2017 年 11 月，海南省某市政府（以下简称市政府）引进海南某清洁能源有限公司等 8 家 LNG（液化天然气）点供企业对某加工产业企业实施"煤改气"，使用 LNG 作为锅炉燃料，并建成 48 个 LNG 气化站。市政府及相关职能部门未对 LNG 点供企业及气化站的进驻程序和生产经营进行规范、有序管理，存在履职不充分、监管不到位等问题。在事前审核环节，LNG 气化站没有办理城镇燃气或危险化学品经营许可证、没有履行消防设计审核及验收等手续。在安全风险防控环节，市政府没有组织对 LNG 气化站安全生产设施进行审查和开展安全风险评估论证，没有组织相关职能部门和生产经营单位实施重大风险联防联控、编制安全生产权力和责任清单等。在事后处置环节，市政府及相关职能部门未严格落实安全隐患排除治理制度、重大事故隐患治理督办制度等，发现重大安全隐患未能依法排除、及时处理。2020 年 8 月至 2021 年 7 月期间，市政府及相关职能部门对 LNG 点供企业及气化站开展过三次安全生产检查，但发现的安全隐患甚至高风险隐患并未整改完毕。

【调查和督促履职】

2021 年 8 月，海南省人民检察院（以下简称海南省院）在履行公益诉讼职责中发现该线索，依法将线索移交海南省万宁市人民检察院（以下简称万宁市院）办理。调查期间，鉴于案情重大复杂，海南省院于 2021 年 10 月 20 日决定与万宁市院实行一体化办案，将该案作为自办案件提级办理。经过实地查看、询问行政机关工作人员和违法行为人及证人、查阅相关资料、调取相关书证、走访相关职能部门，查清造成液化天然气安全隐患的具体违法情况、责任主体、相关义务及职责等。

经调查发现，LNG 气化站存在诸多重大安全隐患，比如气化站没有实体围堰、围墙，围堰设置不符合规范要求，储罐、放散管之间及与站外建构筑物（厂房）之间防火间距不足，站点选址紧邻乡镇道路，罐区离高压线太近等，相关职能部门就 LNG 气化站“主管部门是谁”“适用危险化学品还是城镇燃气管理”等问题产生分歧。2021 年 11 月 19 日，海南省院和万宁市院根据《中华人民共和国安全生产法》（以下简称安全生产法）《城镇燃气管理条例》《危险化学品安全管理条例》相关规定，分别向市政府及相关职能部门制发检察建议。建议其依法全面履行安全生产监管职责，及时消除安全隐患。明确 LNG 气化站的监管主管部门和监管责任，创新监管方式，强化监管实效，引导企业依法合规生产经营，规范行业安全生产。

收到检察建议后，市政府及相关职能部门高度重视，成立领导小组，制定整治方案，并召开专题会议。期间，省编制部门向全省各市县下发通知，明确相关职能部门对 LNG 点供的监管职责。市政府根据该文件进一步细化和明确辖区 LNG 点供监管主管部门和监管责任，组织相关职能部门对之前未落实整改的 LNG 企业及其安全隐患问题进行复查，并依法移送相关执法部门查处。市政府出具了整改承诺函，承诺根据 LNG 气化站具体情况，采取利用管道燃气代替、协调改用其他能源、原站点整改等措施推进整改工作。截至 2022 年 10 月 31 日，48 个 LNG 气化站中已完成整改 33 个，占 68.8%；正在推进整改 15 个，占 31.2%。

【典型意义】

检察机关通过一体化办案方式，解决了 LNG 点供行业安全生产监管部门及职责、执法依据和标准不明确的问题。根据安全生产法确定的安全生产领域“管行业必须管安全”的原则，紧扣相关职能部门“三定”方案，从一般关系到特殊关系进行辨析，就相关职能部门在 LNG 点供中的综合监管及直接监管责任作出判断，指出各职能部门应当承担的监管职责，阐明 LNG 点供是适用危险化学品还是城镇燃气管理的问题，以司法办案推动 LNG 点供行业专项整治顺利开展，推动安全发展理念落地落实。

上海市崇明区人民检察院督促农家乐安装可燃气体报警装置行政公益诉讼案[①]

【关键词】

行政公益诉讼诉前程序　燃气安全　可燃气体报警装置　多元主体协同　事前提示机制

【要旨】

针对经营餐饮的农家乐未安装可燃气体报警装置存在重大安全隐患，检察机关通过发挥检察公益诉讼职能，督促相关行政机关依法履行监督管理职责。在督促燃气行业管理部门解决“存量”问题的基础上，通过推动农家乐行业管理部门构建事前提示机制，燃气行业管理部门将可燃气体报警装置安装事项纳入乡镇考核评价体系，公安、应急、消防等部门协同开展农家乐安全生产专项检查等方式解决新设农家乐燃气安全隐患“增量”问题，及时防范化解安全生产风险。

---

① 本文摘自最高人民检察院官网，网址：https://www.spp.gov.cn/xwfbh/wsfbt/202212/t20221216_595705.shtml#2。

【基本案情】

上海市崇明区现有农家乐961家,选址大多位于居民住宅区,人口密集,现农家乐数量不断增长,燃气使用规模不断扩大,大量农家乐餐饮经营主体因燃气安全风险防控基础薄弱、管理缺失,在《中华人民共和国安全生产法》实施后,仍未依照法律规定安装可燃气体报警装置即开展餐饮经营活动,存在重大安全隐患,威胁人民群众生命财产安全。

【调查和督促履职】

2022年2月10日,有群众向上海市崇明区人民检察院(以下简称"崇明区院")举报,崇明区农家乐经营主体经营餐饮使用燃气,未安装可燃气体报警装置,存在安全隐患。崇明区院接到举报线索后,立即制定《关于农家乐安全生产问题的调查方案》,部署对辖区内农家乐经营主体燃气安全问题开展调查。

2022年2月15日,崇明区院通过检索国家企业信用信息公示系统,与区文化和旅游局(农家乐行业管理部门)沟通联络,了解崇明区农家乐经营主体现状,并前往农家乐保有量最大的两个乡镇进行实地走访摸排。在办案人员走访调查的9家农家乐中,有8家未安装可燃气体报警装置,这些农家乐将燃气瓶放置在厨房间外,燃气瓶通过约3米长的软管与室内厨房间的燃气灶相连,一旦发生燃气泄漏,厨房间内的人无法及时发现,且仅依靠人工识别气味,也难以确保及时发现燃气泄漏,具有重大燃气安全隐患。上述农家乐经营者利用自有的农村房屋作为经营场所,周边均系居民住宅,人口密集,如果不能及时发现燃气泄漏等隐患,将严重威胁人民群众的生命财产安全。

根据《中华人民共和国安全生产法》第三十六条第四款规定,餐饮等行业的生产经营单位使用燃气的,应当安装可燃气体报警装置,并保障其正常使用。但崇明区内有大量农家乐餐饮经营单位未安装可燃气体报警装置。因农家乐安全生产工作涉及职能部门多,崇明区院结合农家乐行业管理部门、燃气行业管理部门不一致的实际,多次走访区文化和旅游局、区建设和管理委员会、区消防救援支队、区市场监督管理局等了解情况、查阅制度文件,在厘清农家乐可燃气体报警装置监管部门为区建设和管理委员会的基础上,制发检察建议,建议区建设和管理委员会依法履行燃气安全监管职责,对农家乐经营主体未依法安装可燃气体报警装置的行为予以处置,督促辖区内农家乐餐饮经营主体做到应装尽装。

崇明区院调查发现,崇明区辖区内的农家乐均为小型餐饮企业,其大多使用钢瓶液化石油气,因钢瓶液化石油气使用前无需向区建设和管理委员会申请批准,故区建设和管理委员会无法第一时间掌握农家乐用气情况。此外,区文化和旅游局作为农家乐行业管理部门,其需在区市场监督管理局向农家乐颁发食品经营许可后,方能了解其监管的农家乐是否经营餐饮,也无法从源头上督促农家乐安装可燃气体报警装置,行政机关对新设立农家乐带来的可燃气体报警装置安装“增量”问题尚无有效的解决方案。为解决上述问题,崇明区院与区建设和管理委员会、区文化和旅游局多次商讨后,会签《关于引导农家乐规范安装可燃气体报警装置的协作备忘录》,备忘录约定:区文化和旅游局在收到农家乐经营主体申请设立农家乐时,以书面提示方式要求拟经营餐饮服务的农家乐安装可燃气体报警装置,并将情况同步抄送区建设和管理委员会,便于两部门共同对农家乐燃气安全问题进行监管。同时,因农家乐数量多、分布区域广,安装可燃气体报警装置工作主要由区建设和管理委员会督促各乡镇安全办落实,崇明区院推动区建设和管理委员会将可燃气体报警装置安装事项纳入乡镇考核评价体系中,以督促各乡镇做好可燃气体报警装置安全、日常使用工作。

2022 年 6 月 17 日，崇明区院与区建设和管理委员会、应急管理局、消防救援支队、文化和旅游局等部门邀请安全生产领域专家、“益心为公”云平台志愿者、区人大代表组成公益整改评估团对本案行政机关的整改情况进行跟进监督，评估团分别对农家乐可燃气体报警装置安装情况、燃气安全使用情况进行现场察看，评估认为区建设和管理委员会积极履职落实整改，不但督促检察建议书中存在燃气安全隐患的农家乐经营主体安装可燃气体报警装置，还对辖区内所有小型餐饮企业进行摸排调查，做到了农家乐及小型餐饮企业可燃气体报警装置安装全覆盖。

【典型意义】

餐饮行业使用燃气应当安装可燃气体报警装置，这是《中华人民共和国安全生产法》的强制性要求。针对大量农家乐使用燃气但未安装可燃气体报警装置的问题，检察机关通过与相关行政机关沟通协调，督促农家乐餐饮经营主体做到应装尽装。同时，推动构建农家乐设立事前提示机制及农家乐申请餐饮经营资质同步报送抄送机制，推动燃气行业管理部门将安装可燃气体报警装置工作纳入乡镇考核评价体系，从源头上防范化解安全生产风险。

四川省成都市龙泉驿区人民检察院督促整治电动自行车锂电池智能换电柜消防安全隐患行政公益诉讼案[①]

【关键词】

行政公益诉讼诉前程序　安全生产　智能换电柜消防安全

① 本文摘自最高人民检察院官网，网址：https://www.spp.gov.cn/xwfbh/wsfbt/202212/t20221216_595705.shtml#2。

政协提案衔接转化 地方立法

【要旨】

针对电动自行车锂电池智能换电柜存在的消防安全隐患和国家标准缺失等问题，检察机关通过发挥公益诉讼检察职能，推动应急管理、消防救援等部门形成监管合力，全面开展行业治理，实现全市换电柜安全监管全覆盖，并为出台地方立法提供实践样本，推动从行业监管到地方立法一体解决电动自行车锂电池智能换电柜消防安全问题，切实保护人民群众生命财产安全。

【基本案情】

随着外卖和快递行业不断拓展，电动自行车锂电池"以换代充"业务悄然兴起。电动自行车使用者可在智能换电柜经营点通过扫码支付更换电瓶，及时解决电动自行车补能问题。2021年以来，成都某科技公司与主营锂电池租赁业务的广西某科技公司合作开展电动自行车锂电池智能换电柜经营业务，在成都市龙泉驿区布设4个电动自行车锂电池智能换电柜，由于缺乏行业规范，智能换电柜设置地点存在选址随意、安装不规范、经营场地有消防安全隐患等问题，严重威胁人民群众生命财产安全。

【调查和督促履职】

四川省成都市龙泉驿区人民检察院（以下简称"龙泉驿区院"）在开展电动自行车安全隐患专项监督中发现锂电池智能换电柜存在安全隐患问题，并于2022年1月21日立案。通过现场调查、询问公司负责人、委托专家论证、组织公开听证等调查取证工作，查明成都市龙泉驿区应急管理局（以下简称"区应急管理局"）未全面落实相关法律规定，导致成都某科技公司未落实安全生产主体责任，智能换电柜经营场地存在消防安全隐患，严重威胁人民群众生命财产安全。2022年1月29日，龙泉驿区院向区应急管理局制发检察建议，建议其依法履行消防安全监管职责，督促电动自行车锂电池智能换电柜经营企业对“换电柜未进行防火分隔、换电场所未配备消防器材、消防器材失效”等消防安全隐患进行整改,同时将检察建议抄送区消防救援大队。

收到检察建议后,区应急管理局、区消防救援大队及时督促整改生产经营场所的消防安全隐患,成都某科技公司将全区智能换电柜设置点的柜体与柜体、柜体与墙体之间均保持25cm间距,每个设置点重新配置了2套消防灭火器材,并健全完善安全巡检制度。

龙泉驿区院就该案向龙泉驿区安全生产委员会(以下简称区安全生产委员会)进行了通报,在检察机关的推动下,区安全生产委员会于2022年6月制定《成都经开区(龙泉驿区)电动自行车换点场所安全监督管理职责分工》《成都经开区(龙泉驿区)电动自行车锂电池智能换电柜建设规范指引(试行)》,对辖区内电动自行车锂电池智能换电柜安全监督管理职责进行明确,并对换电设施建设提供指导和规范。

结合本案办理,成都市人民检察院(以下简称成都市院)于2022年1月下旬,在全市检察机关开展部署电动自行车锂电池智能换电柜安全生产公益诉讼专项监督行动,截至目前,两级院共立案并提出检察建议20份,成都市院梳理分析案件办理中折射的消防安全共性问题,为成都市政协委员提出《关于推动电动自行车锂电池换电业规范有序发展的建议》的提案提供选题参考和实践依据,该提案已于2022年成都市两会期间受理并转相关职能部门办理。

2022年6月6日,成都市院向成都市应急管理局、市消防救援支队公开宣告送达社会治理检察建议,建议相关部门通过开展专项整治、健全工作衔接协调机制、推动建立符合本地实际的电动自行车锂电池智能充换电项目建设及运营管理地方标准三方面工作，加强电动自行车锂电池智能换电柜安全生产经营的监管力度。收到检察建议后，成都市应急管理局开展了换电企业消防安全、电动车行驶停放充电安全等关键环节隐患整治行动，摸清全市 2128 个智能换电柜运营情况，共排查整治消防问题 2432 项，与全市所有的智能换电柜经营企业逐一签订换电柜消防安全承诺书，督促落实换电柜经营场所消防安全责任和安全防范措施，并形成《换电企业消防安全风险问题清单》，制定《成都市换电企业安全生产监管工作指南（试行）》《成都市换电企业安全生产检查清单》，明确场所选址布局、电池换电柜设置、场所防护措施要求等 4 大类 37 项监管内容。

成都市院、成都市应急管理局积极向成都市人大常委会相关部门汇报智能换电柜消防安全隐患整治情况，积极推动将电动自行车锂电池换电企业安全生产监管写入《成都市非机动车管理条例》，为加强电动自行车智能换电柜安全监管提供了法律依据。

【典型意义】

安全生产责任重于泰山。成都市作为人口两千多万的超大城市，电动自行车保有量巨大，“以换代充”续航方式能够解决电动自行车入户充电、飞线充电等安全隐患，但其自身存在的安全问题也不容忽视。检察机关聚焦与人民群众生命财产安全息息相关的电动自行车锂电池智能换电柜安全隐患，通过个案办理、专项监督、公益诉讼检察建议与政协提案衔接转化、社会治理检察建议等工作，推动应急管理、消防救援等部门强化联合监管，开展专项整治，出台行业规范。同时检察机关深入调研梳理分析共性问题，为政协委员提案提供实践样本，与职能部门共同推动将智能换电柜安全生产经营监管写入地方立法，通过解决个案实现行业治理并形成技术规范。

浙江省宁波市鄞州区人民检察院督促整治天童禅寺消防安全行政公益诉讼案①

【关键词】

行政公益诉讼诉前程序　消防安全　全国重点文物保护

【要旨】

被列为全国重点文物保护单位的古建筑群存在重大安全隐患,而行政机关未依法履职的,检察机关可以开展行政公益诉讼。涉及行政机关和属地乡镇共同履职的,检察机关可以分别制发检察建议,推动各方厘清责任,形成监管合力,确保全国重点文物保护单位消防安全。

【基本案情】

位于宁波市鄞州区东吴镇太白山麓的天童禅寺始建于西晋永康元年,迄今已有1700多年历史,系全国重点文物保护单位,由于游客香客众多、香烛法物焚烧、电路设置不合理、消防设施缺失等原因存在重大消防安全隐患。

【调查和督促履职】

2021年3月,宁波市鄞州区人民检察院(以下简称鄞州区院)接到浙江省政协委员天童禅寺住持方丈反映,天童禅寺存在消防安全隐患问题长期未能解决。鄞州区院对此高度重视,以行政公益诉讼立案后进行调查。通过走访相关行政机关,实地勘查天童禅寺及周边环境等方式,查明作为全国重点文物保护单位的天童禅寺主要以木结构建筑为主,各建筑依山而建,彼此间紧密相连,

① 本文摘自最高人民检察院官网,网址:https://www.spp.gov.cn/xwfbh/wsfbt/202212/t20221216_595705.shtml#2。

形成庞大的建筑群，一旦发生火灾影响整个寺庙建筑安全。但天童禅寺所在区域呈盆地状，东西出口与外界公路是通过两车道的隧道相连，周边消防队最快车程至少需要30分钟才能到达，且要经过隧道，一旦发生火情，后果不堪设想。

鄞州区院审查认为，根据《中华人民共和国消防法》第三十九条规定，距离国家综合性消防救援队较远、被列为全国重点文物保护单位的古建筑群的管理单位应当建立单位专职消防队，宁波市鄞州区消防救援大队以及属地东吴镇人民政府作为主管职能部门，应及时督促落实消防法有关要求，消除天童禅寺消防安全隐患。2021年5月，鄞州区院向鄞州区消防救援大队、东吴镇人民政府制发检察建议，督促其对天童禅寺存在的重大消防安全隐患进行整改。

检察建议发出后，相关行政机关积极履职，争取了区文物保护专项资金29.5万元，全面实施天童禅寺智慧消防系统改造提升工程，增设了消防设施，并新建了消控室，实现远程监控。但相关部门也向检察机关反映天童禅寺设立专职消防队存在的困难，如建设经费问题，专职消防队的启动资金需要200万元左右，每年的运维费用也在100万元左右，此外，还涉及消防队选址、办公用房和人员保障等问题。

为推动问题有效解决，2021年6月，鄞州区院召集相关部门召开圆桌会议，共同研究解决问题，初步达成由属地政府牵头建设消防队的建设方案。2021年7月，最高人民检察院、浙江省人民检察院公益诉讼检察部门赴现场指导，有力推动了案件进展。经鄞州区院多次牵头组织协商，东吴镇人民政府和鄞州区消防救援大队最终确定了消防队建设方案，明确了由消防总队与天童禅寺分队共同建设的模式，即在隧道出口靠近天童禅寺方向不到5公里处设立综合消防站总队，天童禅寺设立消防分队，人员由消防总队派驻轮流在天童禅寺值岗。鄞州区院积极与相关部门沟通协商,推动相关部门筹集1000万元资金用于消防队营房选址、建设等工作。目前营房建设已完成,消防队伍已入驻,困扰天童禅寺多年的消防安全隐患问题终于得到解决。

【典型意义】

消防安全,重在预防。全国重点文物保护单位的消防安全更需引起高度重视,一旦发生火灾事故,不仅对人员财产造成重大损失,更对文物和文化遗产造成不可估量的损害。针对困扰天童禅寺多年的消防安全隐患问题,检察机关充分发挥公益诉讼职能,通过召开圆桌会议,厘清主管部门和属地乡镇职责,凝聚各方监督合力,协调解决推进过程中遇到的资金、场地和人员等实际困难,实现对全国重点文物保护单位专业化、规范化、长远化保护。

乐某某放火案①

(一)基本案情

2010年11月初,被告人乐某某多次至上海市嘉定区某地,用随身携带的打火机点燃毛豆秸、稻草等物,焚烧公民财物。其因形迹可疑被群众扭获至派出所,如实供述了其多次放火的事实。

(二)裁判结果

上海市普陀区人民法院经审理认为,被告人乐某某在公共场所故意放火焚烧公私财物,危害公共安全,其行为已构成放火罪。因其实施放火尚未造成严重后果且犯罪时系未成年人且有自首

① 本文摘自最高人民法院官网,网址:https://www.court.gov.cn/zixun-xiangqing-13447.html。

情节,依法应减轻处罚。最终,被告人乐某某因放火罪被判处有期徒刑一年。

(三)案例评析

该案在审理中开展了如下工作:一是悉心开展社会调查,知悉未成年犯性格特点、成长经历和家庭背景情况,为开展心理干预工作打好基础。承办法官调查发现,乐某某自幼父亲去世,后辍学在老家跟随年迈的奶奶一起生活。在老家因3次放火被法院判处刑罚且执行完毕后,跟随3个姑姑来到上海生活。但是在生活中由于缺少家人和长辈的关爱,乐某某的脾气变得日益暴躁及偏激,惹出不少事端。二是开展专业心理辅导,掌握未成年犯犯罪的心理原因,有针对性地开展帮教工作。针对乐某某的上述行为,承办法官委托专业心理测试机构对被告人进行了心理测评,具有心理咨询师资格的承办法官在案件审理前开始介入,多次到看守所与其谈话,从童年经历、成长挫折、认知矫正等角度对其进行了心理干预。在法庭教育阶段对其进行了心理疏导。判后服刑阶段,少年庭法官也持续跟踪,不定期地与乐某某进行交流,用关爱化解他内心的偏执。本案是少年审判引入心理干预的一起成功案例。

何某劲等放火烧毁庙宇案[①]

(一)基本案情

未成年被告人何某劲、何某健、梁某某有分有合分别盗窃5座庙宇财物,并点燃物品后逃离现场,致使5庙宇不同程度焚毁。

---

① 本文摘自最高人民法院官网,网址:https://www.court.gov.cn/zixun-xiangqing-13447.html。

其中，何某劲参与放火5起，造成经济损失共计人民币87000元；何某健参与放火3起，造成经济损失共计人民币42000元，参与盗窃3起；梁某某参与放火1起，造成经济损失共计人民币42000元。

（二）裁判结果

广东省顺德市人民法院以放火罪判处何某劲有期徒刑三年，缓刑五年；以放火罪判处被告人梁某某有期徒刑一年零九个月，缓刑二年零六个月；被告人何某健犯放火罪、盗窃罪两罪并罚，决定执行有期徒刑二年，缓刑三年，并处罚金人民币1000元。

（三）案例评析

3人被判处缓刑后，主办法官与司法所工作人员多次共同对3人进行家访，及时安排3名有多年帮教经验的护航志愿者，对其进行跟踪帮教，取得了良好的效果。其中，何某健在一家珠宝工厂上班，从事珠宝设计工作。进厂以后，从学徒开始做起，经过半年多的学习，目前已经能够独立设计珠宝，转为正式师傅，并开始领取工资。梁某某在一家职业技术学校旅游管理专业上学。

附录三　生活消防常识

天然气使用安全常识①

一、用气前应仔细阅读天然气用户须知，掌握燃气设施的维护、报修及安全常识。

---

① 本文摘自应急管理部官网，网址：https://www.mem.gov.cn/kp/shaq/201904/t20190401_365932.shtml。

二、使用天然气应先点火,后开气。一时未点着,要迅速关闭天然气灶开关,切忌先放气,后点火。使用自动点火灶具时,将开关旋钮向里推进,按箭头指示方向旋转,点火并调节火焰大小。

三、注意调节火焰和风门大小,使燃烧火焰呈蓝色锥体,火苗稳定。

四、使用时,人不要远离,以免沸汤溢出扑灭或被风灭火焰,造成漏气。

五、使用完毕,注意关好天然气灶或热水器开关,做到人走火灭。同时将表前阀门关闭,确保安全。

六、连接灶具的软管,应在灶面下自然下垂,且保持 10 厘米以上的距离,以免被火烤焦、酿成事故。注意经常检查软管有无松动、脱落、龟裂变质。软管老化应及时更换。

七、使用燃气具时,注意厨房通风,保持室内空气新鲜。

八、教育儿童不要玩弄天然气灶具开关。

九、定期用肥皂水检查室内天然气设备接头、开关、软管等部位,看有无漏气,切忌用火柴检漏。如发现有气泡冒出,或有天然气气味,应打开窗户通风,严禁开关电器,使用明火,并立即报告地区天然气维修站。

十、安装热水器的用户,使用前一定要认真阅读《使用说明书》,学会正确使用。

十一、用户应遵守下列规定:

(一)严禁在厨房和有天然气设备的房间内睡人;

(二)禁止自购乱拉乱接软管;

(三)严禁私自拆、装、移、改天然气管道设备,禁止搬弄天然气表;

(四)不要将天然气管道作为电线接地线;

(五)天然气灶具、气表、热水器周围不要堆放易燃物品;

（六）不能将室内天然气管道、气表切封在室内装饰材料内，避免管道腐蚀、破损泄漏。

十二、如外出探亲、旅游等，切记关闭气表前阀门。

微波炉安全使用小贴士①

微波炉因其方便快捷的使用特点，使我们的生活变得更高效舒适。然而，微波炉在使用过程中也并非绝对安全，正确使用微波炉要注意以下7种误区。

1. 忌加热时间过长

微波炉采用的是高频加热，加热速度很快，时间太长会使食物变干、变硬，甚至产生毒素。

2. 忌加热油炸食品

高温会使油飞溅，可能产生明火，发生火灾。如不慎引起炉内起火，千万别马上开门，应先关闭电源，等火熄灭后再开门。

3. 忌用金属器皿

微波炉的工作原理是利用电磁波发出能量加热食物，而金属有可能会阻止能量传导。

4. 忌将普通塑料容器放入微波炉

普通的塑料容器、塑料袋不耐高温，加热很容易变形，同时可能释放出有毒物质。因此，应选择耐高温的微波专用容器。

5. 忌使用封闭容器

一旦使用封闭容器，可能发生爆裂，要用带气孔的容器。

---

① 本文摘自应急管理部官网，网址：https://www.mem.gov.cn/kp/shaq/201904/t20190401_365933.shtml

6. 忌加热保鲜膜包裹的食物

在高温情况下，保鲜膜会发生化学变化，给食物的安全性带来隐患。

7. 忌在微波炉上放东西

微波炉的上方设有出风口，如果被其他的物品遮住，易导致其内部温度过高而老化，严重的还可能发生短路。

初期小火的扑救方法及注意事项[①]

房屋内的火灾，初起阶段往往局限于室内，火势蔓延范围不大，火灾处于初起阶段，是扑救的最好时机。只要发现及时，用很少的人力和消防器材工具就能把火扑灭。若初起火灾没有及时发现扑灭，随着燃烧时间延长，温度升高，周围的可燃物质或建筑构件被迅速加热，气体对流增强，燃烧速度加快，燃烧面积迅速扩大，便形成了燃烧发展阶段，不易控制。若烟火已经窜出了门、窗和房盖，局部建筑构件被烧穿，建筑物内部充满烟雾，火势突破了外壳便进入了燃烧的猛烈阶段，此时仅仅依靠个人力量便更难扑灭。因此，在燃烧初期阶段，投入相当的力量，采取正确的措施能有效控制火势的发展，及时扑灭明火，确保集体宿舍内人员的生命财产安全。来自重庆消防的防火专家为您支招，为您介绍初期小火的扑救方法及注意事项。

初起火灾的扑救的方法：

初起火灾一般为火灾早期发现火势不大、可控阶段，发现人可以使用简易的灭火工具进行灭火如：黄沙、泥土、水泥粉、炉渣、

① 本文摘自应急管理部官网，网址：https://www.mem.gov.cn/kp/shaq/201310/t20131026_365916.shtml。

石灰粉、铁板、锅盖、湿棉被、湿麻袋以及盛装水的简易容器，如水桶、水壳、水盆、水缸等。除了上述提到的这些东西以外，在初起火灾发生时凡是能够用于扑灭火灾的所有工具如宿舍里扫把、拖把、衣服、拖鞋、手套等都可进行初起火灾的扑救，在有灭火器和消防栓的情况下可直接使用灭火。

具体扑救举例如下：

1. 如油锅着火时，只需迅速用锅盖盖住油锅应迅速用锅盖，然后把锅端开即可。这是因为锅盖把着火的油和空气隔开了，油得不到足够的空气，就不能继续燃烧下去，使其熄灭。

2. 同样道理，用黄沙、泥土、湿棉被、湿麻袋甚至滑石粉等去覆盖着火的燃烧物，并将燃烧着的东西全部盖住，也是为了隔绝空气与燃烧物接触，使火熄灭。

初期火灾重点在于利用身边可以利用的简易工具，因地取材，来扑灭刚刚发生的火情，尽量阻断火灾的必要条件使火势消灭在初起阶段。

火灾扑救的基本方法：

在火灾扑救中要根据不同的情况适时地采取堵截、快攻、排烟、隔离等基本方法。

1. 堵截

堵截火势，防止蔓延或减缓蔓延速度，或在堵截过程中消灭火灾，是积极防御与主动进攻相结合的火灾扑救基本方法。

在实际应用中，当单位灭火人员不能接近火场时，应根据着火对象及火灾现场实际，果断在蔓延方向设置水枪阵地、水帘，关闭防火门、防火卷帘、挡烟垂壁等，堵截蔓延，防止火势扩大。

2. 快攻

当灭火人员能够接近火源时，应速度利用身边的灭火器材灭火，将火势控制在初期低温少烟阶段。

3. 排烟

利用门窗、破拆孔洞将高温浓烟排出建筑物外，是引导火势蔓延方向、减少火灾损失的重要措施。

4. 隔离

针对大面积燃烧区或火势比较复杂的火场，根据火灾扑救的需要，将燃烧区分割成两个或数个战斗区段，以便于分别部署力量将火扑灭。

家庭用电安全基本知识①

电源线要满足负荷要求，及时更换老化、破损的电源线、插座、用电器，入户电源总保险与分户保险应配置合理，装设具有过载保护功能的漏电保护器，以免发生意外。

房间装修，隐藏在墙内的电源线要放在专用阻燃护套内。

使用手持电动工具如电钻等，须戴绝缘手套，并使用安全电压。家用电器接线必须正确，如有损坏，应请经过培训的专业人员进行修理，自己不要拆卸。电源插头、插座应布置在幼儿接触不到的地方。家用电器在使用时，应有良好接地，室内要设有公用地线。不准靠近或接触任何家电的带电部分，特别是电视机的高压行输出部分。使用电熨斗、电烙铁等电热器件时不得离人，必须远离易燃物品，离开时或使用完毕应拔下插头切断电源，以防意外发生。湿手不能触摸带电的家用电器，不能用湿布擦拭使用中的家用电器，进行家用电器修理必须先关闭电源。

① 本文摘自应急管理部官网，网址：https://www.mem.gov.cn/kp/shaq/201904/t20190403_365937.shtml。

公共场所火灾自救方法①

公共场所火灾事故的发生，很容易引起大范围的人员伤亡。因此在预防公共场所火灾的同时，我们还需要学会如何逃生自救。下面就由佰佰安全网为您讲解公共场所火灾自救方法。

公共场所火灾自救常识：

1. 当来到宾馆、酒店、商场等公众聚集场所时，首先要有意识地观察内部地形，观察消防标识，留心疏散通道、安全出口及楼梯方位等，做到心中有数，遇到紧急情况便可以摸清通道，尽快逃离现场；

2. 发现火情扑救无果的情况下，应立即拨打119电话报警；

3. 遇到火灾，面对浓烟和烈火，首先要强令自己保持镇静，快速判明危险地点和安全地点，决定逃生的办法。撤离时，应根据工作人员的引导进行疏散，要注意朝逃生指示标志方向或空旷地方跑，不要盲目跟风，相互拥挤，乱冲乱撞；

4. 逃生时不要乘坐电梯，当火势不大时，要尽量往楼层下面跑，若通道被烟火封阻，则应背向烟火方向撤离，逃往天台、阳台处；

5. 逃生时要防止烟雾中毒，可用湿毛巾或口罩蒙鼻，匍匐或弯腰撤离，穿过烟火封锁区时，如没有防毒面具、头盔、阻燃隔热护具，可向头部、身上浇冷水或用湿毛巾、湿棉被、湿毯子等将头身裹好，再行冲出；

6. 必要时可利用周边的物品自制器材逃生，或利用落水管、

① 本文摘自应急管理部官网，网址：https://www.mem.gov.cn/kp/shaq/201904/t20190401_366015.shtml。

房屋内外突起部位等建筑物设施；

7. 在无路可逃的情况下，应积极寻找避难处所；

8. 身上着火时，不要奔跑，应该脱掉衣服就地打滚将火扑灭。

消防部门同时建议市民，应选择安全的场所消费，具有以下特征的场所尽可能不要前往：

(1)只有单一出入口、营业期间安全门上锁的场所；

(2)位于地下层的公共场所；

(3)用大量聚氨酯或其他易燃物装修的场所；

(4)安全梯、通道、楼梯等阻塞，消防安全设备不合格的场所；

(5)防火分区受到破坏，消防设施不能正常启用的场所。

另外，一些特定的公共场所，比如学校、医院、宾馆等地，可以适当置备一些火灾逃生绳或火灾逃生面具，可以在火灾发生时，有效帮助人员进行自救逃生。如果您还想了解家庭防火小知识。

小区周边环境存在哪些火灾隐患？①

1. 小区周边加油站等危险品储存区隐患

小区周边类似化工企业罐区，加油站这类易燃易爆的危险隐患就“潜伏”在自己身边。存在很大的火灾安全隐患。

2. 小区周边垃圾隐患

反映自家小区或是小区周边各种垃圾无人清理的情况。进入春季本就天干物燥容易发生火灾，再加上时不时地刮大风，这些垃圾难免成为火灾隐患。

---

① 本文摘自应急管理部官网，网址：https://www.mem.gov.cn/kp/shaq/201903/t20190328_366006.shtml。

3. 小区附近烧落叶隐患

进入深秋，又到了落叶满地的季节。大量的落叶给环卫人员增加了不少的工作压力，但一些环卫工人在居民区附近焚烧落叶和垃圾的行为，不仅烟雾呛鼻污染空气，还成为火灾发生的重要隐患。

4. 小区澡堂附近隐患

一些小区澡堂周边堆满了化纤板，如果天气热了，存在火灾隐患。

5. 小区周边焚烧秸秆

据新闻报道，某小区北边的大地发生火灾据称是由于焚烧秸秆导致，由于风大，导致旁边的果树被引燃，随后消防队及时赶到进行处置，但是由于风大，大火向旁边的小区移动，几乎就要烧到小区，幸亏灭火及时没引起更严重的后果。

社区消防安全知识常识①

为增强居民的防火意识和消防知识，确保做到安全用电、用气、用火，预防和减少各类火灾事故的发生，营造良好的社区消防安全环境。大家常记以下安全知识。

一、小区内消防安全知识

1. 不堵塞疏散通道、安全出口，不遮挡消防设施，私家车不违规占用消防车道。

2. 电动自行车不可私拉电线充电，不可长时间充电，周围远离易燃可燃物。

---

① 本文摘自应急管理部官网，网址：https://www.mem.gov.cn/kp/shaq/201904/t20190401_366005.shtml。

3. 严禁埋压、圈占、损坏、挪用、遮挡消防设施和器材。

4. 不要在社区内进行烧烤、篝火等活动，不在社区内焚烧垃圾、杂物。

5. 不要将未熄灭的烟头、煤灰等丢进垃圾桶。

6. 物业公司要开展每日防火巡查，住宅楼的常闭式防火门要处于关闭状态，应急照明、逃生疏散标志要保持完好。

7. 物业公司要组织员工对鳏寡孤独病残人员上门查找消除家中的火灾隐患，并对居民安全用火、用电、用气和燃放烟花爆竹等进行消防安全提示。

二、火灾逃生自救常识

1. 火灾袭来时要迅速逃生，不要贪恋财物。

2. 家庭成员平时就要了解掌握火灾逃生的基本方法，熟悉几条逃生路线。

3. 受到火势威胁时，要当机立断披上浸湿的衣物、被褥等向安全出口方向冲出去。

4. 穿过浓烟逃生时，要尽量使身体贴近地面，并用湿毛巾捂住口鼻。

5. 身上着火，千万不要奔跑，可就地打滚或用厚重衣物压灭火苗。

6. 遇火灾不可乘坐电梯，要向安全出口方向逃生。

7. 室外着火，门已发烫时，千万不要开门，以防大火窜入室内。要用浸湿的被褥、衣物等堵塞门窗，并泼水降温。

8. 若所有逃生路线被大火封锁，要立即退回室内，用打手电筒、挥舞衣物、呼叫等方式向窗外发送求救信号，等待救援。

9. 千万不要盲目跳楼，可利用疏散楼梯、阳台、排水管等逃生，或把床单、被罩撕成条状练成绳索，紧拴在窗框、铁栏杆等固定物上，顺绳滑下，或下到未着火的楼层脱离险境。

自觉维护公共消防安全,发现火灾迅速拨打 119 电话报警,消防队救火不收费。

电动车火灾事故频发　消防教您如何防范[①]

近年来,电动自行车、电动摩托车、电动三轮车等电动车以其经济、便捷等特点,逐步成为群众出行代步的重要工具,保有量迅猛增长。但由于停放、充电不规范以及技术方面的问题,电动车火灾事故呈多发态势,给人民群众生命财产安全造成重大损失。

一、电动车起火一般发生在什么时候?

镇江消防告诉大家:夜间超过一半的电动车火灾都发生在夜间充电的过程中。根据过往的案例来看,电动车火灾伤亡事故一般发生在晚上充电时。很多人都是在楼道内充电的,这个时间段往往都是人们熟睡的时候,即使发现了,往往也没有时间逃离。电动车放在楼道内,直接把逃生通道切断了。电动车燃烧实验证明,一旦电动车燃烧起来,毒烟以每秒 1 米的速度快速向上,所以 1 楼电动车着火很快会导致整幢楼陷入毒烟密布的状态,极易造成人员伤亡,甚至群死群伤火灾事故。

二、电动车火灾频发的原因是什么呢?

1. 线路老化电动车使用时间久了,车里的连接路线很容易老化、短路。如果车内的导线发生短路,加上外部温度过高,就很容易发生燃烧。

2. 电池短路。一般电动车自燃,人们很容易将缘由归结到电池上来。拿铅酸电池来说,即使电池内部温度较高、产生大量气

---

① 本文摘自应急管理部官网,网址:https://www.mem.gov.cn/kp/shaq/201804/t20180411_365997.shtml。

体,也会通过排气孔释放出去,因此不会轻易发生爆炸。除非是电池使用年限长了,内部线路容易短路,引起自燃。

3. 充电器不匹配的电动车充电器也有可能会导致电动车起火。现在很多家庭不止一辆电动车,不同品牌的电动车充电器千万不要混合使用,这样不仅会给电动车电池带来损伤,也会埋下安全隐患。

4. 过多充电。过多充电也是引发电动车自燃的主要原因。一般情况电动车充八小时左右的电就能够满足用户的需求。实际情况中,很多用户为了省事都是直接让电动车充电过夜,充电 12 小时,甚至更长时间,这样不仅不会有积极效果,反而会降低电池的性能。

5. 电压不稳。当多辆电动车同时充电时,就会导致电压不稳,容易引发安全事故。另外,还有些人喜欢私拉电线充电,也会埋下安全隐患。

6. 充电环境。很多用户的住处都没有专属的电动车充电处,所以只能将电动车存放在楼梯间、走道或者是把电动车推入室内充电。一旦电动车发生火灾,火焰和浓烟会封堵建筑的安全出口、逃生通道,容易造成人员伤亡甚至群死群伤。

提醒大家:

1. 整车线路使用时间长了容易老化,建议用户最好在半年至一年时间内,定期到维修点做检查。另外,在高温天气下骑行之后,要把车子放在阴凉处,等车子以及电池的温度降下来后再充电。

2. 据有关技术标准,电动车内普通电池使用年限为 1.5 年~2.5 年,所以建议用户定期更换电池,并且一定要到正规店铺购买匹配的电池,不要选择劣质的电池。

3. 不同品牌充电器不混合使用,如果充电器损坏,请要到正规店铺购买。

4. 保证电动车的充电时间，当电池电量放至 70% ~80% 时及时充电，一般夏天充电 6 ~8 小时，冬天充电 8 ~10 小时为宜，电池不宜过度放电。

5. 绝不不私拉电线，在正规电动车充电处充电。

6. 不要把电动车放在楼道充电，不要把电动车停放在安全出口处。